o velho
está morrendo
e o novo
não pode nascer

© Autonomia Literária, para a presente edição.
© Nancy Fraser, 2019.
Publicado originalmente sob o título de *The old is dying and the new cannot be born*. First published by Verso 2019

Coordenação editorial
Cauê Seignemartin Ameni, Hugo Albuquerque & Manuela Beloni
Tradução
Gabriel Landi Fazzio
Revisão
Lilian Aquino
Capa
Rodrigo Corrêa
Diagramação
Manuela Beloni

Autonomia Literária
Rua Conselheiro Ramalho, 945
CEP: 01325-001 São Paulo - SP
autonomialiteraria.com.br

nancy fraser

o velho está morrendo e o novo não pode nascer

Autonomia Literária

2022

Sumário

6 Prefácio à edição brasileira
por Victor Marques

33 O velho está morrendo e o novo não pode nascer
por Nancy Fraser

71 O rei populista está nu
Nancy Fraser entrevistada por Bhaskar Sunkara

95 Sobre a autora

prefácio à edição brasileira

O velho está morrendo e o novo sempre vem

por Victor Marques[1]

Esse pequeno livro é composto de duas partes: a primeira delas, um texto de Nancy Fraser originalmente publicado em 2019 na revista *American Affairs*, sob o título "Do neoliberalismo progressista a Trump – e além", a segunda, uma entrevista conduzida com Fraser pelo fundador e editor da revista *Jacobin*, Bhaskar Sunkara. A combinação revela um interessante encontro entre gerações.

Fraser tem feito questão de se referir a si mesma em suas intervenções públicas recentes como uma "sixty-eighter" – isso é, da geração de 68, marcada pela experiência de um período histórico específico e peculiar. Sua postura política e produção teórica carregam traços dessa experiência. Nascida em 1947, passou a infância nos subúrbios afluentes da classe média branca de Baltimore, uma cidade legalmente segregada, e politizou-se por meio

---

[1] Professor da Universidade Federal do ABC (UFABC) e membro do Instituto Latino-Americano de Estudos sobre Direito, Política e Democracia (ILAEDPD). É também militante socialista e diretor de desenvolvimento da *Jacobin Brasil*.

do movimento pelos direitos civis. Engajou-se ainda adolescente na luta contra a segregação racial e a partir daí se somou às mobilizações contra a guerra do Vietnã, ao movimento estudantil que ocupava os campi universitários, à agitação anti-imperialista e à nova onda do feminismo.

Foi pelo contato com as lutas que, nos anos 70, no contexto dos debates da Nova Esquerda, Fraser se aproximou da tradição intelectual marxista, em busca de ferramentas teóricas capazes de alimentar e potencializar o enfrentamento prático contra as estruturas de poder e dominação. Conforme os anos 70 avançavam e a temperatura das ruas diminuía, culminando na vitória do projeto neoliberal no começo dos anos 80, a militante foi aos poucos se convertendo em acadêmica. Dedicando-se ao trabalho teórico, no mais das vezes técnico e especializado, Fraser construiu uma bem sucedida carreira universitária em filosofia, ao conjugar a teoria crítica da Escola de Frankfurt com o pragmatismo americano e o pós-estruturalismo francês.

Com o tempo, tornou-se uma intelectual de renome, hoje professora da New School em Nova York, traduzida em vários idiomas e lida em cursos de graduação e pós-graduação em todo mundo. Seu debate com Axel Honneth a partir do final da década de 90 é definidor para o que se convencionou chamar de a "terceira geração da teoria crítica". Em seu artigo clássico de 1995, "Da redistribuição ao reconhecimento? Dilemas da justiça em uma Era pós-socialista" trabalha o par distribuição/reconhecimento como dois fatores constitutivos para uma teoria da justiça integral. Um diagnóstico corrente nesse momento, dominado pelo triunfalismo liberal que se seguiu ao fim da Guerra Fria, era de que nos conflitos de uma época "pós-socialista" a "luta por reconhecimento" estava destinada a se tornar a forma paradigmática de articular as demandas por justiça, e a "identidade" de grupo tenderia a suplantar o "interesse de classe" como motor crucial da mobilização política. Nessa leitura, opressão cultural estaria tomando o lugar da exploração econômica como injustiça fundamental, e o reconhecimento o lugar da redistribuição como objetivo central da luta. A argumentação de Fraser, contudo, frisa que essa tendência era também unilateral, uma vez que as injustiças econômicas e culturais encontram-se frequentemente imbricadas, e se reforçam mutuamente. A conclusão de Fraser, portanto, é que uma boa teoria da justiça exigiria uma reflexão crítica tanto acerca do eixo do reconhecimento, como do eixo da redistribuição, e uma alternativa política emancipatória estaria obrigada a conceituar reconhecimento e igualdade sócio-econômica de maneira a que sustentassem mutuamente, ao invés de colocá-los em conflito.

Hoje Fraser se diz reenergizada pelo novo contexto político, reconectada com seus anos de militância política na juventude. O que a levou de volta a ação engajada, em suas próprias palavras "a se sentir jovem de novo", é o sentimento de que há um desejo de mudança no ar, uma abertura para novas possibilidades, um momento de turbulência e de oportunidade, onde as pessoas voltam a se interessar por idéias como o socialismo. Inspirada por uma nova audiência ampla de jovens que mostravam curiosidade por seu trabalho e por discussões sobre marxismo, feminismo e ecossocialismo, Fraser escreve em 2019, em coautoria com Cinzia Arruzza e Tithi Bhattacharya, o que chama de sua "primeira peça de agitação em 4 décadas": o manifesto do *Feminismo para os 99%*, publicado no Brasil pela editora Boitempo. Em um debate com Bhaskar Sunkara, Fraser comenta que "são tempos emocionantes para se estar viva".

Bhaskar gosta de dizer que é de um tempo menos interessante, mas há poucas coisas desinteressantes na sua trajetória de vida. Filho mais novo de uma família de imigrantes de Trindade e Tobago, de origem étnica indiana, Bhaskar foi o único dos irmãos a nascer nos Estados Unidos – em 1989, poucos meses antes da queda do muro de Berlim. Se politizou durante a adolescência quase ao acaso, por curiosidade intelectual, lendo sozinho na biblioteca pública do seu bairro literatura marxista. Em 2003 participou das massivas marchas contra a Guerra do Iraque e alguns anos depois se filiou aos Socialistas Democráticos da América (DSA), na época uma pequena organização de uns poucos milhares de membros, cuja idade média passava dos 60 anos.

Bhaskar tinha apenas 21 anos e nenhuma ideia de como editar uma revista, quando, de seu dormitório universitário, concebeu e lançou ao mundo a *Jacobin*, como uma pequena publicação socialista on-line. Era o fatídico, e longínquo, ano de 2010: o Occupy Wall Street ainda não havia acontecido, Bernie Sanders era um senador um tanto folclórico, mas basicamente desconhecido, do pequeno estado de Vermont, e Donald Trump só um apresentador de reality show com uma pigmentação peculiarmente laranja que havia se envolvido no movimento que questionava a certidão de nascimento do presidente Barack Obama. O movimento socialista era, para todos os efeitos, irrelevante nos Estados Unidos, e a maioria dos comentaristas políticos tidos como respeitáveis estavam tranquilos na convicção de que a história havia mesmo acabado.

Em 2011 – no mesmo ano que estourava as ocupações de praças denunciando a desigualdade econômica, o sistema financeiro e o 1% – como um gesto desesperado para se destacar no campo das publicações de esquerda, a *Jacobin* passava a se tornar uma revista impressa. A obsessão missionária de Sunkara era fazer com que as ideias socialistas se tornassem novamente relevantes para um público de massas. Tal aventura voluntarista tinha tudo para dar errado. Mas o imponderável aconteceu: a *Jacobin* não só se tornou um sucesso editorial como ajudou a dar forma ao novo discurso do socialismo democrático que hoje mobiliza uma parcela considerável da juventude da classe trabalhadora norte-americana. De uma origem improvisada e precária, a publicação conseguiu se transformar em uma máquina de guerra profissionalizada a serviço da luta de classes dos de baixo, formando militantes e furando a bolha esquerdista para se tornar uma força política real. E, cada vez mais, internacional. Recentemente, a publicação se espalhou pelo mundo, produzindo novos rebentos: a *Tribune Magazine* (UK), *Jacobin Alemanha*, *Jacobin Itália*, e agora *Jacobin Brasil* e *Jacobin América Latina*. Muito desse sucesso deve-se à dedicação do próprio Sunkara, e de sua capacidade de articular ideias radicais em uma linguagem acessível, precisa e convincente.

O que chama a atenção na *Jacobin* é como ela foi capaz de se conectar com uma nova geração política: uma geração que não tendo testemunhado a Guerra Fria, e muito jovem para ter experimentado a queda do muro de Berlim como um evento político relevante, de repente se viu vivendo no fim do "fim da história". Uma geração que frente ao colapso espetacular do consenso neoliberal, e ascensão mórbida do populismo reacionário, se vê empurrada a tomar posição política, a se organizar – forçada a não apenas dizer não, mas a formular o que afinal de contas quer como alternativa positiva para o futuro. É a geração que enfrentou as políticas de austeridade, que voltou a tomar as ruas, que acampou nas praças, que viu estruturas burocráticas aparentemente sólidas se desmancharem no ar, que em alguns lugares criou novos partidos, e em outros ocupou e tomou para si partidos já existentes.

Há décadas em que nada acontece

A frase "há décadas em que nada acontece, há semanas em que décadas acontecem" é comumente atribuída ao revolucionário e fundador do Partido Social-Democrata Operário Russo, Vladimir Ulyanov (*alias*, Lenin), embora não seja possível encontrar linhas semelhantes em nenhum dos volumes de suas obras completas. Se Lenin as pronunciou, é provável que tenha se inspirado em uma carta pouco conhecida de Karl Marx a Friedrich Engels, datada de 1863, na qual castigava a pequenez mental dos filisteus que medem a história em cúbitos, notando que para os grandes desenvolvimentos históricos, vinte anos contam por um – muito embora, Marx logo se apressa a complementar, esses possam ser seguidos de dias que valem por 20 anos.

O próprio Marx já havia comentado antes, em uma passagem da *Miséria da Filosofia* repetida no *O Capital*, que os economistas tendem facilmente a cair na ilusão de que as instituições burguesas são "naturais", e, portanto, eternas. Todas as demais instituições seriam "artificiais", e no curso natural da história tenderiam a ser substituídas pelas instituições "naturais" do capitalismo, para além das quais não se pode ir. Houve história, mas já não há. A naturalização das relações capitalistas e dos arranjos políticos burgueses conduzem os ideólogos e propagandistas da ordem a decretar, com curiosa regularidade, o fim da história. Uma vez que as formas finais da socialização humana foram encontradas, sobraria apenas a tarefa de ajustes marginais ou de extensão territorial, englobando regiões e povos considerados atrasados. Mas da mesma forma que essa ilusão regularmente emerge, é também periodicamente frustrada: a história real é pontuada por insurreições e até revoluções sociais, que evidenciam o fato da historicidade das instituições humanas, e contestam na prática a naturalidade de arranjos que se reivindicavam eternos. Se há um padrão histórico nos últimos dois séculos é que a história teima sempre em retornar.

Os quase 20 anos que separam a queda da União Soviética da crise financeira global de 2008 oferecem um exemplo lapidar de décadas em que (quase) nada acontece, ao menos no sentido de grandes rupturas históricas. É verdade que mesmo nesse período de relativa pasmaceira experiências políticas inovadoras se fizeram sentir em escala localizada (pensemos nos zapatistas das montanhas de Chiapas e suas juntas de bom governo, ou nos dias de ação global do mal chamado "movimento anti-globalização"), e na América Latina países inteiros passaram por intensas convulsões e mobilizações de massa, que resultaram em verdadeiras mudanças de regime, como foi o caso na Venezuela, na Bolívia e no Equador. Mas mesmo na América Latina do "ciclo de governos progressistas", em muitos países que chegaram a eleger governos de centro-esquerda, a tendência geral era mais de continuidade do que de descontinuidade – como no caso do Brasil, do Chile e do Uruguai.

Impulsionado pelo que parecia ser a derrota definitiva do movimento socialista, pelo enfraquecimento crônico do trabalho organizado, e, por fim, pela própria adoção dos antigos partidos social-democratas, de origem operária, de políticas econômicas monetaristas e a substituição de programas universais por políticas públicas focadas, formou-se um poderoso consenso em torno da inevitabilidade de adoção das reformas pró-mercado, que envolviam a flexibilização dos direitos trabalhistas, maior liberdade de circulação para os fluxos de capitais, expansão do comércio global e privatização das indústrias e serviços públicos. Daí em diante, os governos seriam julgados e avaliados pelos mercados, adaptando seu próprio funcionamento à lógica da competição, e aceitando que a tarefa fundamental da política é manter "o mercado" contente.

O mantra recorrente, imortalizado pela dama de ferro britânica, Margareth Thatcher, era de que simplesmente "não há alternativa". A expansão das relações capitalistas, seja extensivamente, por uma outra rodada de acumulação por despossessão, seja colonizando novas esferas da vida, incluindo aquelas que haviam sido antes parcialmente desmercantilizadas pelas conquistas das lutas proletárias, foi acompanhada por uma propaganda triunfalista que anunciava que a empresa privada e a democracia representativa parlamentar eram as formas finais de socialização humana enfim encontradas. Não havia nada melhor disponível, e nunca haverá. Esse é o período histórico dominado por aquilo que o filósofo Mark Fisher irá caracterizar como "realismo capitalista": é mais fácil agora imaginar o fim do mundo do que o fim do capitalismo. Para Fisher, o realismo capitalista é uma espécie de "constelação ideológica" marcada pelo esgotamento da imaginação política, por um sentimento dominante de resignação fatalista, e de maneira geral por uma espécie de encurtamento do horizonte temporal e rebaixamento das expectativas políticas. O fim da história significa também o fim da política propriamente dita. Como Tony Blair e o "novo trabalhismo" vão afirmar orgulhosamente, já não há mais política de direita ou de esquerda, apenas políticas que funcionam e políticas que não funcionam. Resta a essa pós-política esvaziada de conteúdo apenas administrar, tecnocraticamente, o novo consenso. O deserto do fim da história é um eterno presente onde as coisas podem até se mover cada vez mais rápido, mas onde nada realmente muda.

Do neo-liberalismo progressista ao momento populista

As vitórias eleitorais da direita neoliberal na década de 1980, aliadas ao aprofundamento da globalização econômica (em particular dos fluxos internacionais de capital financeiro) e o enfraquecimento secular do movimento operário e das organizações sindicais, abriram uma disputa sobre os rumos dos partidos social-democratas, isso é, da esquerda governante, que acabou sendo vencido pelo que se convencionou chamar de "terceira via", expressão cunhada pelo sociólogo Anthony Giddens, então ideólogo do "novo trabalhismo" de Blair. Os antigos partidos criados pelo movimento operário se apressam em tomar distância de suas origens classistas e abraçam parcelas significativas do programa econômico de seus adversários políticos. Identificados cada vez mais com as classes médias progressistas urbanas, esses partidos aceitam se "modernizar" levando a frente as reformas liberalizantes que os novos tempos supostamente exigem.

Nos Estados Unidos, o equivalente do "Novo Trabalhismo" de Blair foram os "Novos Democratas", do casal Clinton e seus aliados, bem sucedidos em realinhar o Partido Democrata, afastando-o da coalizão montada com o New Deal de Franklin Delano Roosevelt em direção ao que Nancy Fraser chama de "neoliberalismo progressista". Trata-se do conceito mais inovador que Nancy Fraser introduz no ensaio, e que, a primeira vista, como logo admite a autora, pode parecer um oxímoro. Foi a forma como Fraser encontrou de batizar a aliança improvável, mas poderosa, entre a ala liberal dos novos movimentos sociais, que emergem com força a partir da década de 60, e os setores mais dinâmicos da nova economia (em particular a grande indústria cultural, as altas finanças e os gigantes da tecnologia digital, ou simplificadamente, para dar nomes geográficos: Hollywood, Wall-Street e Vale do Silício). Para Fraser, o neoliberalismo progressista foi capaz de articular uma política econômica regressiva, pró-negócios, com uma política progressista de reconhecimento, valorizando a diversidade e a representatividade, mas ressignificando igualdade como sinônimo de meritocracia.

Segundo Fraser, o neoliberalismo seria, portanto, um projeto econômico que pode se acoplar com diferentes projetos de reconhecimento, e que de fato o acoplamento mais bem-sucedido foi com o progressismo liberal, combinando um programa econômico expropriador – financeirização, endividamento, precarização do trabalho, cortes dos programas sociais, privatizações e desregulamentações, enfraquecimento dos sindicatos e redução dos direitos trabalhistas – com uma política liberal meritocrática de reconhecimento – adornada por um discurso de diversidade, multiculturalismo e empoderamento. A missão professada por essa esquerda reformada passa a ser construir, como brincaram os críticos, algo como um "neoliberalismo com rosto humano", empenhando-se na institucionalização de uma sistema de governança global, com arranjos multilaterais capazes de garantir crescimento econômico, estabilidade e segurança para os investidores – uma nova aldeia global baseada nos direitos humanos e no livre mercado.

A tática de reformulação eleitoral abraçada pela centro-esquerda foi, portanto, se desconectar das bases sindicais e das promessas de segurança social e conciliação de classes do pós-guerra, para se apresentarem como partidos das classes médias profissionais, vibrantes, modernos e cosmopolitas, na aposta de que a antiga base continuaria fiel ao voto, porque não teria outro lugar para ir. Foi assim que progressismo e neoliberalismo puderam formar o que Fraser chama de uma nova "aliança governante". O jogo desta centro-esquerda integrada à nova ordem global das coisas foi apresentar-se como multicultural, politicamente correta, inovadora, conectada à franja mais dinâmica e avançada da sociedade – em contraste com a velha classe operária fabril e os trabalhadores manuais das antigas regiões industriais (deixadas para trás na marcha da modernização globalizante), estigmatizados como paroquiais, atrasados e incultos.

Sob o domínio do realismo capitalista o próprio eixo esquerda-direita é reinterpretado: a disputa capital-trabalho passa a ser tida como obsoleta, fora de moda, com a distinção ideológica fundamental passando agora a girar em torno das disputas por reconhecimento. A política é lida não mais pela ótica do antagonismo de classe, mas do antagonismo entre identidades culturais. Essa divergência em termo de "guerra culturais" não impede um acordo comum fundamental quanto à economia política: um programa econômico que pode ser emendado aqui e ali ao sabor das sensibilidades sociais do partido governante da vez, mas que é, em suas linhas gerais, aceito como estabelecido de uma vez por todas.

A consequência é que os partidos se aproximam do centro, e as eleições se tornam em boa medida irrelevantes. Afinal, se a história acabou, já não se deve mais esperar muito mesmo da política. O jornalista Thomas Friedman afirmava entusiasmadamente no final da década de 90 que a globalização era uma "camisa de força de ouro", e duas coisas acontecem quando você a aceita: sua economia cresce, e sua política encolhe. A economia pode não ter crescido muito, mas a política, ou no mínimo o horizonte de expectativas político, de fato encolheu: os partidos perderam filiados, e se tornaram cascas tecnocráticas vazias, atraindo carreiristas e afastando militantes, a abstenção aumentou, e boa parte dos setores mais pobres da classe trabalhadora chegou a conclusão que votar não valia a pena – no fim da história, os partidos e os políticos são todos iguais.

E, no entanto, esse pacto abrangente encontra-se agora em contestação, ou ao menos não goza mais da confiança instintiva que podia exibir há pouco tempo. As raízes desse desgaste podem ser rastreadas até a crise financeira do final dos anos 2000, mas se expressa nas urnas como um realinhamento político em escala internacional apenas a partir de 2015. É a crise de 2007/2008 que marca o início do fim do consenso neoliberal e a abertura para a época de sua contestação, ou o que poderíamos chamar, seguindo a filósofa Chantal Mouffe, de um "momento populista".[2] Para Mouffe, estaríamos testemunhando, ao menos em algumas regiões geográficas do globo, uma crise da "formação hegemônica neoliberal", o que poderia abrir a possibilidade para a construção de uma nova ordem mais democrática. A crise financeira global de 2008 trouxe à superfície todas as contradições do modelo neoliberal, e abriu espaço para que a formação hegemônica neoliberal fosse abertamente contestada – por movimentos anti-*establishment* tanto à esquerda (o Occupy Wall Street e os Indignados espanhóis, por exemplo) quanto à direita (o Tea Party nos Estados Unidos, as manifestações da extrema-direita na Europa continental). Em um livro abertamente militante, e recentemente publicado no Brasil pela editora Autonomia Literária, Mouffe nos convida a intervir na "crise hegemônica", e propõe o "populismo de esquerda" como uma estratégia discursiva para estabelecer uma fronteira política contrapondo o povo (construído por meio de uma cadeia de equivalência articulando uma pluralidade de demandas contra diferentes formas de opressão) e a oligarquia (definido como o 1% da pirâmide econômica, que abocanharam desproporcionalmente os ganhos da financeirização e da globalização neoliberal). O nosso atual momento populista seria, portanto, uma

---

[2] *Por um populismo de esquerda*, Autonomia Literária, 2019.

expressão da crise hegemônica da formação neoliberal. Remetendo à conhecida passagem de Antonio Gramsci, o diagnóstico de Mouffe é o de que a crise econômica levou à condensação de uma série de contradições, dando origem a um interregno: o consenso anterior é contestado, mas uma solução à crise ainda não é visível.

O título do livro de Nancy Fraser remete precisamente a essa mesma passagem: "A crise consiste precisamente no fato de que o velho está morrendo e o novo ainda não pode nascer. Nesse interregno, uma grande variedade de sintomas mórbidos aparecem". Escrita originalmente em algum momento do final da década de 20 e começo da década de 30, nos cárceres do regime fascista italiano, nos últimos meses a frase tem reaparecido em todos os lugares, de memes da internet a títulos de artigos tanto jornalísticos quanto acadêmicos. Sua súbita popularidade reflete um sentimento difuso, mas ubíquo – tanto no Brasil quanto no mundo – de que algo acabou, com poucas certezas, no entanto, do que vem pela frente. Nesse claro-escuro, os fenômenos mórbidos abundam: de Trump ao recrudescimento da direita populista na Europa, passando pelos nossas próprias monstruosidades locais.

Não por acaso, é dessa mesma passagem que vem a inspiração para o título do livro da socióloga e comunicadora Sabrina Fernandes[3], no qual ela analisa a conjuntura

---

[3] *Sintomas Mórbidos*, Autonomia Literária, 2019.

política brasileira, em particular a partir de 2013, com ênfase na fragmentação da esquerda. Para Fernandes, a frase de Gramsci ganha notoriedade recente devido a aplicabilidade do aparelho conceitual gramsciano "para analisar crises de autoridade sob o capitalismo em todo o mundo". Para Fernandes, a crise orgânica decorre da perda de autoridade de instituições e partidos estabelecidos – onde o consentimento falha, eclode a crise de hegemonia. E é essa crise que está na base da instabilidade e do realinhamento político-eleitoral em curso em escala global.

Gramsci estava certamente pensando na crise de hegemonia que se abriu na Itália com consequência da primeira guerra mundial, e desaguou na ascensão de Benito Mussolini ao poder e a formação do Estado fascista – um momento de crise que se espalhou depois por toda a Europa com a agudização da crise econômica no final da década de 20 e começo da década de 30. Mas talvez a mais célebre análise de um momento de crise de hegemonia é a que o próprio Marx nos legou em seu *18 de Brumário*, o texto que inaugura a análise de conjuntura como gênero literário e no qual traça a história das jornadas de junho operárias de 1848 até a consolidação da ditadura de Luis Bonaparte. Marx pretende demonstrar como "a luta de classes na França criou circunstâncias e condições que permitiram a um personagem medíocre e grotesco desempenhar o papel de herói". Essa fábula parece falar também de nós.

Ralph Milliband, intelectual marxista associado à Nova Esquerda, escrevendo em outro período de crise de hegemonia, às vésperas da ascensão do populismo autoritário de Margareth Thatcher, observava que embora a luta de classes seja uma característica permanente de toda a sociedade de classes, ela pode assumir uma grande variedade de formas a depender do período histórico e das condições nacionais específicas. A luta de classes deve ser vista, portanto, no contexto mais amplo da hegemonia. Em períodos de relativa normalidade, de hegemonia assegurada, a luta de classes será um componente normal da política, administrada pelas vias institucionais estabelecidas, e, mediada pelos partidos da ordem, poderá sem maiores problemas ser absorvida como parte da operação cotidiana, ainda que violenta, do arranjo social vigente.. Nesse caso, as classes dominantes não precisarão de "salvadores da pátria". Mas é justamente nos momentos em que a hegemonia não está tão solidamente assegurada – em momentos como diz Gramsci "que massas antes passivas entram em movimento", que "se destacam das ideologias tradicionais" e "não acreditam mais no que antes acreditavam" – que a ação política e a intervenção acidental de grupos ou indivíduos ganham mais importância. Quando grandes parcelas da população se deslocam de suas fidelidades tradicionais e se convencem que alguma coisa precisa mudar o papel do acaso e da contingência adquirem considerável impacto histórico. Nas palavras de Milliband, há uma relação inversa entre hegemonia e contingência – quanto menos efetiva é a primeira, mais significativa é a segunda. As crises de hegemonia abrem "oportunidades estruturais" nas quais a agência e a contingência exercem impacto significativo no curso dos eventos.

Tal conceitualização nos ajuda a entender porque períodos históricos marcados por crises de hegemonia, podendo dar origem ao que Mouffe chama de "momento populista", são também caracterizados pela agudização das disputas, aumento da imprevisibilidade e instabilidade política, polarizações e incertezas. Durante o interregno, a história parece se acelerar e ganhar traços mais dramáticos: velhas fidelidades são rompidas, novas alianças feitas, eventos aleatórios podem alterar a dinâmica dos acontecimentos, novos atores aparecem enquanto outros saem de cena repentinamente, reviravoltas se tornam frequentes, com vitórias certas se transformando rapidamente em derrotas e o politicamente impossível se convertendo em politicamente inevitável.

Brecha hegemônica e realinhamento político

Compreender a natureza da crise nos oferece um mapa cognitivo de um terreno em mutação. E aqui a metáfora do mapa é relevante: se há um movimento subterrâneo da tectônica social, quem se apegar aos velhos mapas errará sistematicamente o alvo. Os sinais de que as placas tectônicas estão se movendo são claros. Em todo mundo o sistema partidário está sendo refeito, em uma intensidade e extensão que não se via desde a década de 80. Novos partidos, criados há poucos anos, chegam ao poder, e antigos partidos estabelecidos vêem sua votação declinar, ou são radicalmente refeitos por dentro. O realinhamento político adquire variadas expressões: o Podemos, criado em 2014, chega à vice-presidência espanhola em 2020 após 4 eleições gerais em 4 anos; o PASOK grego vira pó em 2015, dando origem ao termo "pasokização" para se referir ao colapso do partido social-democrata que aplica políticas de austeridade, dando lugar à ascensão meteórica da Frente da Esquerda Radical (SYRIZA), que por sua vez logo entra em declínio no governo; o Partido Trabalhista inglês é realinhado a esquerda, tem seu maior incremento eleitoral desde 1945, para dois anos depois sofrer uma derrota histórica frente a um Partido Conservador também realinhado para abraçar o Brexit; na Itália, em 2018, o Movimento 5 Estrelas se torna o maior partido, e forma governo com a antiga Liga Norte, convertida por Salvini de um partido regional e separatista a populista de direita, enquanto o Partido Democrático perde metade do seu eleitorado em uma década. Os exemplos se multiplicam no mundo, e cada semana parece trazer uma nova reviravolta.

Talvez o principal realinhamento seja justamente o caso no qual Nancy Fraser se debruça: os conflitos internos que vêm transformando por dentro os dois grandes partidos

dos Estados Unidos. Em 2016, o Partido Republicano foi vítima do que se poderia caracterizar, sem exageros, de uma "aquisição corporativa hostil": o candidato que era um corpo estranho, literalmente um *outsider*, vindo do mundo dos negócios e dos reality shows de TV, derrotou sucessivamente todas as alternativas do *establishment* republicano, e ganhou as primárias apelando diretamente para as bases, contra a máquina partidária. Ao levar as primárias, e depois a presidência, Donald Trump trouxe ao Partido Republicano elementos em tensão com o programa de globalização neoliberal clássico, prometendo rever acordos multilaterais de livre-comércio, aumentando barreiras tarifárias e ameaçando entrar em guerra comercial contra a China. De fato, o que permitiu sua vitória em termos eleitorais foi seu discurso, direcionado aos setores da classe média branca empobrecidos pelo neoliberalismo (em especial das regiões pós-industriais, que costumavam ser fiéis ao partido democrata), com promessas de reindustrialização, retorno das plantas fabris, proteção de emprego e do modo de vida contra os efeitos disruptivos da globalização. Sua campanha, ostensivamente contra a "elite globalista", mobilizava motivos antissemitas até então adormecidos na política conservadora norte-americana. Não por acaso, Steve Bannon, que se orgulhava publicamente de ter tornado o site de notícias *Breibart* a "plataforma da *alt-right*", foi escolhido como chefe de campanha e depois "estrategista-chefe da Casa Branca", deixando na campanha, e na presidência exercida em modo de campanha permanente, as marcas distintamente populistas de uma revolta dos "deploráveis" contra o "Partido de Davos".

Curiosamente, não são apenas analistas de esquerda como Nancy Fraser e Chantal Mouffe que têm falado de crise e de populismo. Em um debate com David Frum em novembro de 2018, Steve Bannon, já fora da Casa Branca, vaticinou que o futuro seria do populismo: "Estamos no início de uma nova revolução política, e isso é populismo. A única pergunta que temos diante de nós é: será um nacionalismo populista que acredita no capitalismo e desconstrói o Estado administrativo, dando ao homem comum uma parte da ação e destruindo esse capitalismo de grandes corporações e grandes governos, ou será um tipo de socialismo populista como o de Jeremy Corbyn e Bernie Sanders". Em uma exposição para grupos católicos conservadores ainda em 2014, portanto bem antes de Trump aparecer como um fenômeno político eleitoral, Bannon já argumentava em favor de ideias semelhantes. Lançando mão de um enquadramento que coloca em oposição os de cima e os de baixo, Bannon argumenta que a crise financeira de 2008, da qual, segundo ele, a economia norte-americana ainda não havia se recuperado, desencadeia uma "revolta populista", da qual o Tea Party seria a mais importante expressão. Mas a revolta populista embrionária nos EUA não seria um evento isolado, e sim parte do que Bannon chama de um "Tea Party global", um movimento planetário das classes médias insatisfeitas do qual fariam parte o movimento pró-Brexit no Reino Unido, a Frente Nacional na França e mesmo o governo de Narendra Modi na Índia.

O que é certo é que a crise econômica de 2008 escancarou as contradições do período neoliberal. Em um primeiro momento, a insatisfação difusa se expressa como protesto social na forma de movimentos de contestação de rua (tanto a esquerda quanto a direita) que, embora muitas vezes efêmeros e de curta duração, começam a preparar o terreno para um momento populista. Eventualmente, a crise econômica se converte em crise do sistema político, quando a insatisfação popular difusa atinge um ponto crítico que força o realinhamento eleitoral, abrindo espaço para que campanhas insurgentes dêem forma a novos atores político-partidários. É nesse ponto que é possível reconhecer um momento de verdade no diagnóstico de Bannon: quando o *establishment* entra em crise de autoridade, o centro afunda e abre-se um momento de indefinição. Nessas condições, a grande questão é de fato saber que tipo de populismo será vitorioso: o populismo reacionário, pró-capitalista (de Trump e do próprio Bannon) ou um populismo progressista, como o socialismo democrático defendido por Bernie Sanders.

A recomendação de Fraser é que tentar salvar o centro é inútil, e só serviria para jogar mais água no moinho da direita populista. O que deveríamos fazer, ao contrário, é recusar a escolha infernal: nem neoliberalismo (supostamente) progressista, nem populismo reacionário. Fraser vê a campanha de Sanders de 2015/2016, que acontecia simultaneamente ao realinhamento do Partido Republicano impulsionado por Trump, como um processo paralelo à revolta populista das bases conservadoras. O programa de Sanders articulava reformas no sistema penal, a fim de enfrentar o racismo institucional, com acesso universal aos serviços de saúde; justiça reprodutiva para as mulheres com gratuidade universal do ensino superior; avanço nos direitos LGBTQ+ com ataque aos privilégios do sistema financeiro. Como herdeiro da retórica do Occupy Wall Street e prometendo guerra de classe contra o 1%, ao mesmo tempo abraçando uma concepção inclusiva de classe trabalhadora, que contemplava não apenas o estereótipo do homem branco empregado nas fábricas e construções, mas buscava conectar justiça econômica com justiça racial, justiça ambiental e justiça de gênero, Sanders foi bem sucedido em avançar uma campanha insurgente que ameaçou a direção do Partido Democrata e angariou apoio de massas. Em 2016, a cúpula do Partido Democrata foi capaz de fazer o que a cúpula do Partido Republicano não foi, e bloqueou sua revolta populista interna e as tentativas insurgentes de realinhamento. Tanto em 2016 quanto em 2020, a cúpula do Partido Democrata foi capaz de fazer o que a cúpula do Partido Republicano não havia conseguido, e bloqueou sua revolta populista interna, frustrando as tentativas insurgentes de realinhamento do partido. O centrista Biden foi obrigado a incorporar parte das pautas dos socialistas democráticos em seu programa de governo, e seu chamado a um retorno a normalidade foi sedutor para uma parte do eleitorado cansado de quatro anos de uma administração errática e caótica de Trump, cuja incompetência e desprezo pela realidade se revelaram fatais durante a crise sanitária do novo coronavírus. Resta saber se a fantasia nostálgica de um retorno a uma era pré-Trump não seria também uma outra forma de negação da realidade, idealizando precisamente as condições que permitiram a emergência do trumpismo como sintoma mórbido.

A questão que se coloca, portanto, é se há ainda uma janela de oportunidade aberta para que um populismo de esquerda possa tentar criar um novo bloco hegemônico, construindo uma maioria social pela articulação de vários segmentos das classes populares – tanto aqueles que se sentiram em algum momento atraídos seja pelo populismo reacionário, seja pelo neoliberalismo progressista, como os que, desiludidos, simplesmente desistiram de participar da vida política. Se o objetivo é não apenas conter os piores excessos da direita populista iliberal, mas efetivamente oferecer soluções estruturais e duradouras à crise de cuidado, à crise econômica e à crise ambiental, interpretando assim a crise política como sintoma de um mal-estar mais profundo, não basta oferecer apoio tático ao centrista mais palatável às elites: é preciso desenvolver um movimento de massas capaz de exercer um contra-poder efetivo e abrir novas possibilidades de futuro. Se essa análise estiver correta, é insuficiente combater o sintoma do populismo reacionário: faz-se necessário ir à raiz. Para além de uma tática conjuntural para lidar com os efeitos, precisamos de uma estratégia de longo prazo para intervir nas causas. Uma mobilização confrontacional que articule demandas de justiça em um discurso de solidariedade universal entre os oprimidos e guerra às elites pode ser a via para enterrar de vez não apenas o populismo reacionário como o neoliberalismo moribundo que o pariu. E, quem sabe, reabrir o horizonte histórico para além do realismo capitalista.

Verão de 2020

o velho está morrendo e o novo não pode nascer

por Nancy Fraser

Hoje, quem quer que fale em "crise" corre o risco de ser desconsiderado e visto como um charlatão, tamanha a banalização que o termo atingiu por sua utilização imprecisa e incessante. Mas há um sentido preciso em dizer que enfrentamos uma crise hoje. Se a caracterizarmos com precisão e identificarmos sua dinâmica distintiva, poderemos determinar melhor o que é necessário para resolvê-la. Sob essas bases, também poderíamos vislumbrar um caminho que leve para além do atual impasse – através do realinhamento político para a transformação da sociedade.

À primeira vista, a crise de hoje parece ser política. Sua expressão mais espetacular está bem aqui no centro da capitalismo, os Estados Unidos: Donald Trump – sua eleição, seu mandato presidencial e as disputas em torno dele. E não faltam fenômenos políticos análogos em outros lugares: o fiasco do Brexit no Reino Unido; o enfraquecimento da legitimidade da União Europeia e a desintegração dos partidos social-democratas e de centro-direita; o crescente sucesso de partidos racistas e anti-imigrantes em todo o norte e centro-leste da Europa; e o surgimento de forças autoritárias, algumas qualificáveis como protofascistas, na América Latina, na Ásia e no Pacífico. Nossa crise política, se é disso que se trata, não é apenas estadunidense, é global.

O que torna essa afirmação plausível é que, apesar das diferenças, todos esses fenômenos compartilham uma característica em comum. Todos envolvem um enfraquecimento dramático, se não um simples colapso, da autoridade dos partidos e das classes políticas estabelecidas. É como se massas de pessoas em todo o mundo parassem de acreditar no senso comum reinante que sustentou a dominação política nas últimas décadas. É como se tivessem perdido a confiança na boa-fé das elites e buscassem novas ideologias, organizações e lideranças. Dada a escala desse colapso, é improvável que se trate de uma coincidência. Suponhamos, portanto, que enfrentamos uma crise política global.

Por mais dramático que isso soe, é apenas uma parte da história. Os fenômenos recém-evocados constituem a vertente especificamente política de uma crise mais ampla e multifacetada, que também tem outras vertentes – econômica, ecológica e social – e que, juntas, somam-se em uma crise geral. Longe de ser meramente setorial, a crise política não pode ser compreendida separadamente dos bloqueios aos quais ela responde em outras instituições aparentemente não políticas. Nos Estados Unidos, esses bloqueios incluem a metástase das finanças; a proliferação de empregos precários no setor de serviços; a crescente dívida do consumidor que possibilita a compra de coisas baratas produzidas em outros lugares; conjuntamente, o aumento das emissões de carbono, dos climas extremos e do negacionismo climático; a racialização do encarceramento em massa e da violência policial sistêmica; e o aumento das tensões na vida familiar e comunitária, graças, em parte, ao prolongamento das jornadas de trabalho e à diminuição da assistência social. Juntas, essas forças estão se enraizando em nossa ordem social há um bom tempo, sem produzir um terremoto político. Agora, no entanto, começou o vale-tudo. Na atual rejeição generalizada à política tradicional, uma crise objetiva do sistema como um todo encontrou sua voz política subjetiva. A vertente política da nossa crise geral é uma crise de hegemonia.

Donald Trump é o garoto-propaganda dessa crise hegemônica. Mas não podemos entender sua ascensão a menos que iluminemos as condições que a possibilitaram. Isso significa identificar a visão de mundo cujo espaço o trumpismo ocupou e mapear o processo pelo qual ele se desemaranhou.

As ideias indispensáveis para esse fim vêm de Antonio Gramsci. *Hegemonia* é o termo que ele usa para explicar o processo pelo qual uma classe dominante faz com que sua dominação pareça natural ao infiltrar os pressupostos de sua própria visão de mundo como sendo o senso comum da sociedade. Sua contrapartida organizacional é o *bloco hegemônico*: uma coalizão de forças sociais díspares que a classe dominante reúne e através dela afirma sua liderança. Se quiserem desafiar esses arranjos, as classes dominadas devem construir um novo e mais persuasivo senso comum, ou uma *contra-hegemonia*, e uma nova e mais poderosa aliança política, ou um bloco *contra-hegemônico*.

A essas ideias de Gramsci devemos acrescentar mais uma: todo bloco hegemônico incorpora um conjunto de valores e suposições sobre aquilo que é justo e correto e sobre aquilo que não é. Desde pelo menos a metade do século XX, nos Estados Unidos e na Europa, a hegemonia capitalista foi forjada pela combinação de dois aspectos diferentes de direito e justiça – um focado na distribuição, o outro no reconhecimento[4]. O aspecto distributivo transmite uma visão sobre como a sociedade deve alocar bens divisíveis, especialmente os rendimentos. Esse aspecto diz respeito à estrutura econômica da sociedade e, ainda que indiretamente, às suas divisões de classe. O aspecto do reconhecimento expressa um senso de como a sociedade deve repartir o respeito e a estima, as marcas morais de pertencimento enquanto membros da sociedade. Focado

---

[4] N. do E.: Este é um termo que Nancy Fraser usa desde o debate com o Axel Honneth sobre redistribuição ou reconhecimento (que foi traduzido assim para o português). No Brasil, tais questões são tratadas sob o conceito de "política identitária", mas a autora aborda isso pelo uso da expressão reconhecimento, que vai além da identidade.

na ordem dos *status* na sociedade, esse aspecto se refere às hierarquias desses *status*.

Juntos, distribuição e reconhecimento constituem os componentes normativos essenciais a partir dos quais as hegemonias são construídas. Colocando essa ideia junto com as de Gramsci, podemos dizer que o que tornou Trump e o trumpismo possíveis foi a quebra de um bloco hegemônico anterior – e o descrédito de seu nexo normativo distintivo de distribuição e reconhecimento. Ao analisar a construção e o rompimento desse nexo, podemos esclarecer não apenas o trumpismo, mas também as perspectivas pós-Trump para um bloco contra-hegemônico que poderia resolver a crise. Deixe-me explicar.

A hegemonia do neoliberalismo progressista

Antes de Trump, o bloco hegemônico que dominava a política estadunidense era o neoliberalismo progressista. Isso pode soar como um oximoro, mas foi uma aliança real e poderosa de dois companheiros improváveis: por um lado, as principais correntes liberais dos novos movimentos sociais (feminismo, antirracismo, multiculturalismo, ambientalismo e ativismo pelos direitos LGBTQ+); por outro lado, os setores mais dinâmicos, de ponta, "simbólicos" e financeiros da economia dos EUA (Wall Street, Vale do Silício e Hollywood). O que manteve unido esse estranho casal foi uma peculiar combinação de visões sobre distribuição e reconhecimento.

O bloco progressista-neoliberal combinou um programa econômico expropriativo e plutocrático com uma política de reconhecimento liberal-meritocrática. O componente distributivo desse amálgama era neoliberal. Determinadas a libertar as forças do mercado da pesada mão do Estado e da moenda dos "impostos e gastos", as classes que lideraram esse bloco visavam liberalizar e globalizar a economia capitalista. O que isso significava, na realidade, era a financeirização: desmantelamento das barreiras e das proteções à livre circulação do capital; desregulamentação bancária e ampliação das dívidas predatórias; desindustrialização; enfraquecimento dos sindicatos e difusão dos trabalhos precários e mal remunerados. Popularmente associadas a Ronald Reagan, mas substancialmente implementadas e consolidadas por Bill Clinton, essas políticas reduziram os padrões de vida da classe trabalhadora e da classe média, transferindo riqueza e valor para cima – principalmente para o 1%, é claro, mas também para os altos escalões das classes profissionais-gerenciais.

Os neoliberais progressistas não foram os primeiros a sonhar com essa economia política. Essa honra pertence à direita: aos seus luminares intelectuais Friedrich Hayek, Milton Friedman e James Buchanan; aos seus visionários políticos Barry Goldwater e Ronald Reagan; e aos seus viabilizadores bilionários Charles e David Koch, entre outros. Mas a versão "fundamentalista" de direita do neoliberalismo não poderia se tornar hegemônica em um país cujo senso comum ainda era moldado pelo pensamento do New Deal, a "revolução dos direitos" e uma enorme quantidade de movimentos sociais descendentes da "Nova Esquerda". Para que o projeto neoliberal triunfasse, tinha que ser reembalado, receber um apelo mais amplo e ligado a outras aspirações emancipatórias não econômicas. Somente quando adornada como progressista é que uma economia política profundamente retrógrada poderia se tornar o centro dinâmico de um novo bloco hegemônico.

Por isso, coube aos "Novos Democratas" contribuir com o ingrediente essencial: uma política progressista de reconhecimento. Servindo-se das forças progressistas da sociedade civil, eles difundiram um *ethos* de reconhecimento superficialmente igualitário e emancipatório. No centro deste *ethos* estavam os ideais de "diversidade", "empoderamento" das mulheres, direitos LGBTQ+, pós-racialismo, multiculturalismo e ambientalismo. Esses ideais foram interpretados de uma maneira específica e limitada, totalmente compatível com a "Goldman Sachsificação" da economia dos EUA: proteger o meio ambiente significava monetizar o comércio de carbono. Promover a propriedade da casa própria significava agrupar os empréstimos *subprime* e revendê-los como títulos de garantia hipotecária. Igualdade significava meritocracia.

A redução da igualdade à meritocracia foi especialmente fatídica. O programa neoliberal progressista para uma ordem "mais justa" não visava abolir a hierarquia social, mas "diversificá-la", "empoderar" mulheres "talentosas", pessoas de cor[5] e minorias sexuais para que chegassem ao topo. Esse ideal é inerentemente específico a uma classe, voltado para garantir que indivíduos "merecedores" de "grupos sub-representados" possam alcançar posições e estar em pé de igualdade com os homens brancos e heterossexuais de sua própria classe. A variante feminista é reveladora, mas, infelizmente, não é única. Focados em "fazer acontecer"[6] e "quebrar o teto de vidro", seus principais beneficiários só poderiam ser aqueles que já possuíssem o necessário capital social, cultural e econômico. Todos os outros continuariam presos no porão.

---

[5] N. do T.: Enquanto no Brasil o termo "pessoas de cor" é repudiado pelo movimento negro como um eufemismo, nos EUA trata-se de um termo aceito pelo movimento, a fim de abranger todos grupos étnicos não brancos, como negros e latinos.

[6] N. do E.: No original, "*lean in*", conceito oriundo do livro homônimo de Sheryl Sandberg, alta executiva do Facebook, no qual ela aborda questões de gênero no trabalho e inspira mulheres a crescerem em suas carreiras às mais altas posições, geralmente ocupadas por homens.

Por mais enviesada que fosse, essa política de reconhecimento atuou para seduzir grandes correntes de movimentos sociais progressistas para o novo bloco hegemônico. Certamente, nem todo o ativismo feminista, antirracista, multiculturalista, e assim por diante, foi conquistado para a causa progressista-neoliberal; mas aqueles que foram, conscientemente ou não, constituíam o maior e mais visível segmento de seus respectivos movimentos, enquanto aqueles que resistiam eram confinados às margens. Os progressistas do bloco progressista-neoliberal eram, com certeza, seus parceiros menores, muito menos poderosos que seus aliados em Wall Street, Hollywood e no Vale do Silício. No entanto, eles contribuíram com algo essencial nessa ligação perigosa: o carisma, um "novo espírito do capitalismo". Exalando uma aura de emancipação, esse novo "espírito" alimentou a atividade econômica neoliberal com um arrepio de excitação. Agora associado ao pensamento progressista e libertador, cosmopolita e moralmente avançado, o sombrio repentinamente se tornou emocionante. Em grande parte graças a esse *ethos*: políticas que fomentaram uma vasta redistribuição de riqueza e rendimentos adquiriram um verniz de legitimidade.

Para alcançar a hegemonia, no entanto, o emergente bloco neoliberal-progressista teve que derrotar dois rivais diferentes. Primeiro, teve que derrotar os remanescentes da coalizão do New Deal. Antecipando o "Novo Trabalhismo" de Tony Blair, a ala clintonista do Partido Democrata silenciosamente desarticulou aquela antiga aliança. No lugar de um bloco histórico que havia unido com êxito, por várias décadas, trabalhadores organizados, imigrantes, afroamericanos, classes médias urbanas e algumas frações do grande capital industrial, forjaram uma nova aliança de empresários, banqueiros, suburbanos, "trabalhadores simbólicos", novos movimentos sociais, latinos e jovens, mantendo o apoio dos afroamericanos, que sentiam não ter outra alternativa. Em campanha pela nomeação democrata presidencial em 1991-92, Bill Clinton ganhou o dia com discursos sobre diversidade, multiculturalismo e direitos das mulheres, mesmo enquanto se preparava para tomar o rumo do Goldman Sachs.

A derrota do neoliberalismo reacionário

O neoliberalismo progressista também teve que derrotar um segundo adversário, com o qual compartilhava mais do que deixou transparecer. O antagonista, nesse caso, era o neoliberalismo reacionário. Alojado principalmente no Partido Republicano e menos coerente do que seu rival dominante, esse segundo bloco oferecia um nexo diferente de distribuição e reconhecimento. Conciliava uma política neoliberal de distribuição similar com uma política de reconhecimento diferente, reacionária. Ao mesmo tempo em que afirmava fomentar os pequenos negócios e a manufatura, o verdadeiro projeto econômico do neoliberalismo reacionário centrava-se no fortalecimento das finanças, da produção militar e da energia não renovável, tudo isso em benefício, principalmente, do 1% global. O que deveria torná-lo palatável para a base que buscava reunir era uma visão excludente de uma ordem de *status* justa: etnonacional, anti-imigrante e pró-cristã, se não abertamente racista, patriarcal e homofóbica.

Essa era a fórmula que permitia aos evangélicos cristãos, brancos do sul, estadunidenses de cidades pequenas e rurais e camadas brancas descontentes da classe trabalhadora coexistirem por algumas décadas, ainda que desconfortavelmente, com os libertários, membros do Tea Party, a Câmara de Comércio e os irmãos Koch – além de um punhado de banqueiros, barões do ramo imobiliário, magnatas da energia, capitalistas de risco e especuladores de fundos multimercados. Ênfases setoriais à parte, nas grandes questões da economia política, o neoliberalismo reacionário não diferia substancialmente de seu rival progressista-neoliberal. É verdade que os dois partidos polemizaram um pouco sobre os "impostos sobre os ricos" – com os democratas cedendo, geralmente. Mas ambos os blocos apoiavam o "livre comércio", os baixos impostos para as corporações, a redução dos direitos trabalhistas, a primazia do interesse dos acionistas, a compensação ao estilo de "o vencedor leva tudo" e a desregulamentação financeira. Ambos os blocos elegeram líderes que buscavam "grandes barganhas", visando cortar direitos constituídos. As principais diferenças entre eles se davam em termos de reconhecimento, não de distribuição.

Quase sempre, o neoliberalismo progressista ganhou também essa batalha, mas com um custo. Decadentes centros industriais, especialmente o chamado Cinturão da Ferrugem,[7] foram sacrificados. Aquela região, junto com os centros industriais mais novos do sul, sofreu um grande impacto graças à tríade das políticas de Bill Clinton: o Acordo de Livre Comércio da América do Norte (NAFTA), a adesão da China à Organização Mundial do Comércio (justificada, em parte, pela promoção da democracia) e a revogação da Lei Glass-Steagall,[8] que afrouxou as regulamentações sobre o setor bancário. Juntas, essas políticas e suas sucessoras devastaram as comunidades que dependiam da manufatura. Ao longo de duas décadas de hegemonia progressista-neoliberal, nenhum dos dois grandes blocos empreendeu qualquer esforço sério para apoiar essas comunidades. Para os neoliberais, suas economias não eram competitivas e deveriam estar sujeitas à "correção

---

[7] N. do E.: O Cinturão da Ferrugem (Rust Belt, em inglês), conhecido até os anos 1970 como cinturão da indústria, é uma região dos Estados Unidos que abrange estados do nordeste, dos Grandes Lagos e do meio-oeste.

[8] N. do T.: Lei de 1933 que impedia que os bancos se ocupassem de atividades não bancárias, como os seguros.

do mercado". Para os progressistas, suas culturas estavam presas ao passado, atadas a valores obsoletos e paroquiais que logo desapareceriam em uma nova redenção cosmopolita. Em nenhum dos dois terrenos – distribuição ou reconhecimento –, os neoliberais progressistas poderiam encontrar qualquer razão para defender as comunidades industriais do Cinturão da Ferrugem e do sul.

A lacuna hegemônica – e a luta para preenchê-la

O universo político que Trump se embrenhou era altamente restritivo. Foi construído em torno da oposição entre duas versões do neoliberalismo, distintas principalmente no eixo do reconhecimento. Seria possível escolher entre multiculturalismo e etnonacionalismo. Mas ambos estavam atados, de qualquer forma, à financeirização e à desindustrialização. Com o cardápio limitado ao neoliberalismo progressista e ao reacionário, não havia força que se opusesse à dizimação dos padrões de vida da classe trabalhadora e da classe média. Projetos antineoliberais foram severamente marginalizados, se não simplesmente excluídos da esfera pública.

Isso deixou um segmento considerável do eleitorado estadunidense – vítimas da financeirização e da globalização corporativa – sem um lar político natural. Uma vez que nenhum dos dois grandes blocos falava por eles, havia uma lacuna no universo político estadunidense: uma zona vazia e desocupada, onde a política antineoliberal e em favor das famílias trabalhadoras poderia ter se enraizado. Dado o ritmo acelerado da desindustrialização; a proliferação de subempregos precários e com baixos salários; o aumento do endividamento predatório e o consequente declínio dos padrões de vida dos dois terços mais pobres dos estadunidenses, era apenas uma questão de tempo até que alguém preenchesse a lacuna.

Alguns supunham que o momento havia chegado em 2007 e 2008. Um mundo ainda se recuperando de um dos piores desastres de política externa da história dos EUA estava sendo forçado a enfrentar a pior crise financeira desde a Grande Depressão – e um quase colapso da economia global. A política tradicional foi posta de lado. Um afroamericano que falava em "esperança" e "mudança" ascendeu à presidência, prometendo transformar não apenas a política, mas também toda a "mentalidade" da política estadunidense. Barack Obama poderia ter aproveitado a oportunidade para mobilizar seu apoio de massas em favor de um grande deslocamento para longe do neoliberalismo, mesmo diante da oposição do Congresso. Em vez disso, ele confiou a economia às próprias forças de Wall Street que quase a haviam destruído. Definindo a meta como sendo a "recuperação" (em oposição à reforma estrutural), Obama despejou enormes resgates em dinheiro nos cofres dos bancos "grandes demais para falir", mas não conseguiu fazer nada comparável em favor de suas vítimas: os 10 milhões de estadunidenses que perderam suas casas para as execuções de hipotecas durante a crise. A exceção que confirmou a regra foi sua expansão do Medicaid por meio da Lei de Proteção e Cuidado Acessível ao Paciente (PPACA), que proporcionou benefícios materiais reais para uma parte da classe trabalhadora dos EUA. Ao contrário das propostas de "pagador único"[9] e de "opção pública",[10] às quais Obama renunciou antes mesmo do início das negociações em torno do sistema de saúde, sua abordagem reforçou as próprias divisões dentro da classe trabalhadora que acabariam se mostrando fatídicas politicamente. Em suma, a essência irresistível de sua presidência consistia em manter o *status quo* progressista-neoliberal, apesar de sua popularidade declinante.

Outra oportunidade para preencher a lacuna hegemônica chegou em 2011, com a irrupção do Occupy Wall Street. Cansado de esperar pela reparação do sistema político e decidido a resolver a questão por conta própria, um segmento da sociedade civil tomou as praças públicas em todo o país em nome dos "99%". Denunciando um siste-

---

[9] N. do E.: Sistema em que os serviços de saúde seriam geridos por uma agência pública ou semipública, capaz de garantir a cobertura universal de saúde.

[10] N. do E.: Proposta de criação de uma agência pública que ofereceria planos de saúde mais baratos para competir com as empresas privadas.

ma que saqueia a grande maioria para enriquecer o 1% do topo, grupos relativamente pequenos de jovens manifestantes logo atraíram amplo apoio – até 60% do povo estadunidense, segundo algumas pesquisas –, especialmente de sindicatos sitiados, estudantes endividados, famílias de classe média com dificuldades e o crescente "precariado".

No entanto, os impactos políticos do Occupy foram reduzidos, servindo principalmente para reeleger Obama em 2012. Ao adotar a retórica do movimento, ele angariou o apoio de muitos daqueles que votariam em Trump em 2016. Tendo derrotado Romney e obtido mais quatro anos de mandato, contudo, o presidente continuou em seu caminho neoliberal; sua recém-descoberta consciência de classe evaporou rapidamente. Restringindo sua busca de "mudança" à promulgação de decretos, ele não processou os malfeitores da riqueza, nem usou seu púlpito para mobilizar o povo americano contra Wall Street.

Assumindo que a tempestade havia passado, as classes políticas dos EUA sequer hesitaram. Continuando a defender o consenso neoliberal, não conseguiram ver no Occupy os primeiros tremores de um terremoto. Esse terremoto, finalmente, abalou a corrida eleitoral de 2015-16, quando o descontentamento prolongado transformou-se, de repente, em plena crise de autoridade política. Os principais blocos políticos pareciam entrar em colapso. No lado Republicano, Trump, conduzindo uma campanha pautada em temas populistas, derrotou com folga (como continua a nos lembrar) seus infelizes dezesseis rivais primários, incluindo vários que haviam sido escolhidos a dedo por chefes do partido e por grandes doadores. No lado Democrata, Bernie Sanders, um autoproclamado socialista democrático, opôs um desafio surpreendentemente significativo para a sucessora ungida de Obama, Hillary Clinton, que teve que empregar todos os tipos de truques e alavancas do poder dentro da máquina partidária para tirá-lo de pauta. Em ambos os lados, os roteiros usuais foram suspensos, enquanto um par de forasteiros ocupava a brecha hegemônica e passava a preenchê-la com novos *memes* políticos.

Tanto Sanders quanto Trump criticaram a política neoliberal de distribuição, mas suas políticas de reconhecimento diferiam nitidamente. Enquanto Sanders denunciava a "manipulação da economia" com tons universalistas e igualitários, Trump tomou emprestada a mesma frase, mas sob um verniz nacionalista e protecionista. Apostando em velhos chavões excludentes, ele transformou o que tinha sido uma "mera" mensagem subliminar em rajadas cheias de racismo, misoginia, islamofobia, homofobia, transfobia e sentimento anti-imigrante. A base da "classe trabalhadora" que sua retórica conjurava era branca, hétero, masculina e cristã, ligada à mineração, à perfuração de petróleo, à construção e à indústria pesada. Em contrapartida, a classe trabalhadora que Sanders cortejava era ampla e expansiva, abrangendo não apenas trabalhadores fabris do Cinturão da Ferrugem, mas trabalhadores do setor público e de serviços, incluindo mulheres, imigrantes e negros. Certamente, o contraste entre esses dois retratos da "classe trabalhadora" era em grande parte retórico. Nem o retrato combinava estritamente com a base de eleitores do futuro presidente. Embora a margem de vitória de Trump tenha vindo de centros industriais desentranhados que haviam apoiado Obama em 2012 e Sanders nas primárias democratas, seus eleitores também incluíam os habituais suspeitos republicanos – incluindo libertários, donos de empresas e outros que pouco se beneficiavam do populismo econômico. Da mesma forma, os eleitores mais fiéis de Sanders eram jovens estadunidenses com grau universitário. Mas essa não é a questão. Como projeção retórica de uma possível contra-hegemonia, foi a visão expansiva de Sanders sobre a classe trabalhadora dos EUA que mais nitidamente distinguiu seu tipo de populismo daquele de Trump.

Ambos os forasteiros esboçaram os contornos de um novo senso comum, mas cada um fez isso à sua maneira. No seu auge, a retórica da campanha de Trump sugeriu um novo bloco proto-hegemônico, que podemos chamar de *populismo reacionário*. Parecia combinar uma política hiper-reacionária de reconhecimento com uma política populista de distribuição: na prática, o muro na fronteira mexicana somado aos gastos em infraestrutura de larga escala. O bloco que Sanders preconizou, ao contrário, foi o *populismo progressista*. Ele buscou unir uma política inclusiva de reconhecimento com uma política de distribuição em favor das famílias trabalhadoras: reforma do sistema criminal somada ao Medicare para todos; justiça reprodutiva, mais ensino superior gratuito; direitos LGBTQ+, além da fragmentação dos grandes bancos.

Propaganda enganosa

Nenhum desses cenários, na verdade, se materializou. A derrota de Bernie Sanders para Hillary Clinton removeu a opção populista progressista das cédulas, o que não foi surpresa para ninguém. Mas o resultado da vitória subsequente de Trump sobre ela foi um tanto inesperado, pelo menos para alguns. Longe de governar como um populista reacionário, o novo presidente ativou a velha tática comercial fraudulenta de "estelionato eleitoral", abandonando as políticas distributivas populistas prometidas em sua campanha. É verdade que ele cancelou a Parceria Transpacífico e renegociou o NAFTA, mesmo que apenas cosmeticamente. Mas ele não levantou um dedo sequer para controlar Wall Street. Também não deu nenhum passo sério no sentido de implementar projetos de infraestrutura pública em larga escala e na criação de empregos; seus esforços para incentivar a manufatura limitaram-se a exibições simbólicas de pressão e a regulamentação para os produtores de carvão se mostrou amplamente fictícia.

E longe de propor uma reforma tributária, cujos principais beneficiários seriam as famílias da classe trabalhadora e da classe média, ele aderiu à versão republicana padrão, destinada a canalizar mais riqueza para o 1% (incluindo a família Trump). Como este último ponto atesta, as ações do presidente na frente distributiva incluíram uma forte dose de capitalismo de compadrio e autopromoção. Mas se Trump, por si, falha em fazer jus aos ideais hayekianos de razão econômica, a nomeação de mais um ex-aluno do Goldman Sachs para o Tesouro garante que o neoliberalismo continuará onde interessa.

Tendo abandonado a política populista de distribuição, Trump passou a redobrar a aposta na política reacionária de reconhecimento, imensamente intensificada e cada vez mais perversa. A lista de suas provocações e ações em apoio a hierarquias de *status* odiosas é longa e assustadora: as várias versões de proibições a viagens, todas direcionadas a países de maioria muçulmana, mal disfarçadas pelo cínico acréscimo tardio da Venezuela; o dilaceramento dos direitos civis no Departamento de Justiça (que abandonou o uso de acordos judiciais) e do Departamento do Trabalho (que parou de fiscalizar a discriminação cometida por empresas contratadas pelo governo federal); sua recusa em defender casos judiciais sobre direitos LGBTQ+; sua reversão da cobertura do seguro obrigatório da contracepção; seu contingenciamento das proteções das Emendas Educacionais de 1972 para mulheres e meninas, mediante cortes no pessoal de fiscalização; e seus pronunciamentos públicos, seja em apoio a um tratamento policial mais violento dos suspeitos, seja pelo desprezo *a la* "xerife Joe"[11] pelo Estado de Direito, seja em apoio a "pessoas de bem" entre os supremacistas brancos que semearam o caos em Charlottesville. O resultado não é um mero conservadorismo republicano, mas uma política hiper-reacionária de reconhecimento.

As políticas do presidente Trump divergiram totalmente das promessas de campanha do candidato Trump. Não apenas seu populismo econômico desapareceu, como também sua utilização de bodes expiatórios se tornou cada vez mais cruel. Aquilo em que seus apoiadores votaram, em suma, não é aquilo que eles receberam. O resultado não foi o populismo reacionário, mas o neoliberalismo hiper-reacionário.

O neoliberalismo hiper-reacionário de Trump não constitui um novo bloco hegemônico, no entanto. É, ao contrário, caótico, instável e frágil. Isso se deve, em parte, à peculiar psicologia pessoal de seu porta-estandarte e, em parte, à sua codependência disfuncional em relação aos poderes estabelecidos do Partido Republicano, que tentou e fracassou em reafirmar seu controle e está

---

[11] N. do T.: Trata-se de Joe Arpaio, antigo xerife do Arizona, condenado por seus métodos racistas e truculentos. Recebeu oficialmente o perdão de Trump em agosto de 2017.

"fazendo hora" enquanto busca uma rota de fuga. Não é possível saber, por enquanto, exatamente como isso vai se desenrolar; mas seria tolice excluir a possibilidade de que o Partido Republicano vá se cindir. De qualquer maneira, o neoliberalismo hiper-reacionário não oferece nenhuma perspectiva de hegemonia segura.

Mas há também um problema mais profundo. Ao desativar a face econômico-populista de sua campanha, o neoliberalismo hiper-reacionário de Trump busca restabelecer a lacuna hegemônica que ele ajudou a abrir em 2016 – exceto que ele não pode, agora, suprimir essa lacuna. Agora que o rei populista está nu, parece duvidoso que a parcela da classe trabalhadora da base de Trump fique satisfeita, por muito tempo, apenas com uma dieta de (des) reconhecimento.

Por outro lado, enquanto isso, "a resistência" se organiza. Mas a oposição está fraturada, compreendendo clintonistas obstinados, sanderistas comprometidos e muitas pessoas que não se distinguem entre os dois. Para complicar o cenário, há uma série de grupos oportunistas cujas posturas militantes atraíram grandes doadores apesar (ou por causa) da imprecisão de suas concepções programáticas.

Especialmente preocupante é o ressurgimento de uma antiga tendência à esquerda, que tenta contrapor a raça à classe. Alguns resistentes propõem-se a reorientar a política do Partido Democrata em torno da oposição à supremacia branca, concentrando esforços em obter apoio dos eleitores negros e latino-americanos. Outros defendem uma estratégia centrada na classe, voltada para reconquistar comunidades brancas da classe trabalhadora que desertaram para Trump. Ambas as visões são problemáticas na medida em que tratam a atenção à classe e à raça como inerentemente antagônicas, um jogo de soma zero. Na realidade, ambos os eixos da injustiça podem ser atacados em conjunto, como de fato devem ser. Nenhum poderá ser superado enquanto o outro florescer.

No contexto de hoje, no entanto, as propostas relativas às preocupações secundárias de classe apresentam um risco especial: elas provavelmente se encaixarão nos esforços da ala pró-Clinton para restaurar o *status quo* anterior sob alguma forma nova. Nesse caso, o resultado seria uma nova versão do neoliberalismo progressista – que combina o neoliberalismo na frente distributiva com uma política de reconhecimento antirracista militante. Essa perspectiva congelaria as forças contrárias a Trump. Ela afastaria muitos aliados em potencial, validando a narrativa de Trump e reforçando seu apoio. Ela, efetivamente, juntaria forças com ele na supressão de alternativas ao neoliberalismo – e, assim, restabeleceria a lacuna hegemônica. Mas o que acabei de afirmar sobre Trump se aplica igualmente aqui: o rei populista está nu, e não pode apenas sair de cena discretamente. Restabelecer o neoliberalismo progressista, em qualquer base, seria recriar – na verdade, exacerbar – as mesmas condições que criaram Trump. E isso significa preparar o terreno para futuros Trumps – cada vez mais perversos e perigosos.

Sintomas mórbidos e perspectivas contra-hegemônicas

Por todas essas razões, nem um neoliberalismo progressista revivido, nem um neoliberalismo hiper-reacionário fraudulento serão bons candidatos à hegemonia política de um futuro próximo. Os laços que uniram cada um desses blocos se desgastaram muito. Além disso, nenhum dos dois está em posição de moldar um novo senso comum. Nenhum deles pode oferecer uma imagem confiável da realidade social, uma narrativa na qual um amplo espectro de atores sociais possa se encontrar. Igualmente importante, nenhuma das variantes do neoliberalismo pode resolver com sucesso os bloqueios objetivos do sistema, subjacentes à nossa crise hegemônica. Como ambos dividem a cama com o financismo global, nenhum deles pode desafiar a financeirização, a desindustrialização ou a globalização corporativa. Nenhum deles pode reverter os padrões de vida declinantes, o crescente endividamento, as mudanças climáticas, os "déficits dos benefícios sociais" ou as intoleráveis tensões sobre a vida comunitária. Reinstalar qualquer um desses blocos no poder significa assegurar não apenas sua continuidade, mas uma *intensificação* da crise atual.

O que, então, podemos esperar a curto prazo? Na ausência de uma hegemonia segura, enfrentamos um interregno instável e a continuação da crise política. Nesse contexto, as palavras de Gramsci são verdadeiras: "O velho está morrendo e o novo não pode nascer; neste interregno, uma grande variedade de sintomas mórbidos aparece".

A menos, é claro, que exista um candidato viável a uma contra-hegemonia. O candidato mais provável é, para tanto, uma forma ou outra de populismo. Poderia o populismo ainda ser uma opção possível – se não imediatamente, a longo prazo? O que aponta a favor dessa possibilidade é o fato de que, entre os partidários de Sanders e os de Trump, algo próximo de uma massa crítica de eleitores estadunidenses rejeitou a política neoliberal de distribuição em 2015-16. A questão candente é se essa massa pode agora ser reunida em um novo bloco contra-hegemônico. Para que isso aconteça, os setores da classe trabalhadora que apoiam Trump e Sanders teriam que se entender como aliados – vítimas, situadas em posições diferentes, de uma mesma "economia fraudulenta", a qual poderiam, em conjunto, buscar transformar.

O populismo reacionário, mesmo sem Trump, não é uma base provável para tal aliança. Sua política de reconhecimento hierárquica e excludente é inaceitável para os principais setores das classes trabalhadora e média, especialmente famílias dependentes de salários do trabalho nos setores de serviços, da agricultura, do trabalho doméstico e no setor público, cujas fileiras incluem um grande número de mulheres, imigrantes e negros. Somente uma política inclusiva de reconhecimento tem a chance de trazer essas forças sociais indispensáveis para dentro de uma aliança com outros setores das classes trabalhadora e média, incluindo comunidades historicamente associadas à manufatura, à mineração e à construção.

Isso coloca o populismo progressista como o candidato mais provável a um novo bloco contra-hegemônico. Combinando a redistribuição igualitária com o reconhecimento não hierárquico, essa opção tem, pelo menos, uma chance significativa de unir toda a classe trabalhadora. Mais do que isso: poderia posicionar essa classe, entendida de forma abrangente, como a principal força de uma aliança que também inclui segmentos substanciais da juventude, da classe média e do estrato profissional-gerencial.

Ao mesmo tempo, há muita coisa na situação atual em desfavor dessa possibilidade, a curto prazo, de uma aliança entre os populistas progressistas e os estratos da classe trabalhadora que votaram em Trump na última eleição. Entre os obstáculos está o aprofundamento das divisões, até mesmo dos ódios, que há muito ferviam, mas que recentemente foram postos em ponto de ebulição por Trump – que, como David Brooks observou com perspicácia, "tem um faro para cada uma das feridas do corpo político e, dia após dia, enfia um atiçador em brasa nesta ou naquela ferida, rasgando-a" sem qualquer escrúpulo. O resultado é um ambiente tóxico que parece validar a visão, mantida por alguns progressistas, de que todos os eleitores de Trump são "deploráveis" – racistas, misóginos e homofóbicos irremediáveis. Também é reforçada a visão inversa, sustentada por muitos populistas reacionários, de que todos os progressistas são moralistas incorrigíveis e elitistas presunçosos que os desprezam, enquanto saboreiam cappuccino e rolam em dinheiro.

Uma estratégia de separação

As perspectivas para o populismo progressista nos Estados Unidos hoje dependem do combate contra esses pontos de vista. Faz-se necessária uma estratégia de separação, destinada a precipitar duas grandes cisões. Primeiro, as mulheres menos privilegiadas, os imigrantes e os negros têm que ser descoladas das feministas empreendedoras; dos antirracistas meritocráticos; do movimento LGBTQ+ dominante, da diversidade corporativa; e do capitalismo ecológico, que sequestraram suas preocupações, conformando-as em termos consistentes com o neoliberalismo. Esse é o objetivo de uma recente iniciativa feminista que busca substituir a filosofia do "faça acontecer" por um "feminismo para os 99%". Outros movimentos emancipatórios deveriam copiar essa estratégia.

Em segundo lugar, as comunidades da classe trabalhadora no Cinturão da Ferrugem, no sul e no meio rural precisam ser persuadidas a abandonar seus atuais aliados cripto-neoliberais. O truque é convencê-los de que as forças que promovem o militarismo, a xenofobia e o etnonacionalismo não podem lhes fornecer, e efetivamente não lhes fornecerão, os pré-requisitos materiais essenciais para um melhoramento de vida, ao passo que um bloco populista-progressista poderia. Dessa forma, seria possível separar os eleitores do Trump que poderiam e deveriam ser receptivos a tal apelo daqueles racistas "de carteirinha" e dos etnonacionalistas de *alt-right*,[12] incapazes dessa mesma receptividade. Dizer que o primeiro contingente supera numericamente o segundo por uma ampla margem não significa negar que os movimentos populistas reacionários recorram fortemente à uma retórica histriônica e contribuíram para encorajar grupos, outrora marginais, de verdadeiros supremacistas brancos. Mas significa refutar a conclusão apressada de que a esmagadora maioria dos eleitores populistas reacionários esteja sempre fechada a apelos em nome de uma classe trabalhadora expandida, do tipo evocado por Bernie Sanders. Essa visão não é apenas empiricamente errada, mas também contraproducente, tendendo a se autorrealizar.

---

[12] N. do T.: A "direita alternativa" prega o supremacismo branco e outras pautas conservadoras.

Deixe-me ser clara. Não estou sugerindo que um bloco populista progressista deveria se silenciar sobre preocupações urgentes em torno do racismo, do sexismo, da homofobia, da islamofobia e da transfobia. Pelo contrário: combater esses males deve ser algo central para um bloco populista progressista. Mas é contraproducente abordá-los por meio da condescendência moralizadora, ao estilo do neoliberalismo progressista. Essa abordagem pressupõe uma visão superficial e inadequada dessas injustiças, exagerando grosseiramente até que ponto o problema está dentro da cabeça das pessoas e deixando de perceber a profundidade das forças institucionais-estruturais que as sustentam.

Esse ponto é especialmente nítido e importante no caso da questão racial. A injustiça racial nos Estados Unidos de hoje não é, essencialmente, uma questão restrita às atitudes degradantes ou aos maus comportamentos, embora essas variáveis certamente existam. O cerne da questão são os impactos racialmente específicos da desindustrialização e da financeirização no período da hegemonia progressista-neoliberal, refratados por uma longa história de opressão sistêmica. Nesse período, estadunidenses negros e pardos – que por muito tempo foram privados de crédito, confinados a habitações segregadas de qualidade inferior e recebendo muito pouco para tornar possível a acumulação de poupanças – foram sistematicamente visados por fornecedores de empréstimos *subprime* e, consequentemente, experimentaram as maiores taxas de execuções hipotecárias do país.

Também nesse período, as cidades e os bairros compostos amplamente por minorias étnicas, e que viveram sistematicamente sob a escassez de recursos públicos, foram arrasados pelo fechamento de fábricas em centros industriais em declínio; suas perdas foram contabilizadas não apenas em postos de trabalho, mas também em receitas fiscais, que os privaram de fundos para escolas, hospitais e manutenção da infraestrutura básica, levando a desastres como a crise hídrica de Flint – e, em um contexto diferente, à destruição do bairro Lower Ninth Ward de Nova Orleans, durante o furacão Katrina, em 2005. Finalmente, homens negros, sujeitos, há muito tempo, a condenações diferenciadas, a prisões em condições degradantes, ao trabalho forçado e a violências socialmente toleradas – incluindo a violência pelas mãos da polícia – foram, nesse período, recrutados massivamente para um "complexo industrial-prisional", mantido funcionando em sua plena capacidade em decorrência de uma "guerra às drogas" que visava à apreensão de crack, e por taxas desproporcionalmente altas de desemprego entre as minorias étnicas – todas essas situações sendo uma cortesia das "realizações" legislativas bipartidárias, orquestradas, em grande parte, por Bill Clinton. Preciso acrescentar que, por mais inspiradora que tenha sido, a presença de um afroamericano na Casa Branca não logrou minimizar esses desenvolvimentos.

E como poderia? Os fenômenos que acabamos de invocar mostram a profundidade do racismo ancorado na sociedade capitalista contemporânea – e a incapacidade da moralização progressista-neoliberal para enfrentá-lo. Eles também revelam que as bases estruturais do racismo têm a ver tanto com questões de classes e com a economia política, quanto com *status* e (des)reconhecimento. Igualmente importante, eles elucidam que as forças que estão destruindo as oportunidades de vida dos negros são parte integrante do mesmo complexo dinâmico daquelas que destroem as oportunidades de vida dos brancos – mesmo que algumas das especificidades sejam diferentes. O efeito é, por fim, revelar o inextricável entrelaçamento de raça e classe no capitalismo financeirizado contemporâneo.

Um bloco populista progressista deve fazer dessas percepções as suas estrelas-guia. Renunciando à ênfase progressista-neoliberal nas atitudes pessoais, deve concentrar seus esforços nas bases estruturais-institucionais da sociedade contemporânea. Especialmente importante, deve destacar as raízes compartilhadas das injustiças de classe e *status* no capitalismo financeirizado. Concebendo esse sistema como uma totalidade social única e integrada, esse bloco deve vincular as mazelas sofridas por mulheres, imigrantes, negros e pessoas LGBTQ+ àquelas experimentadas pelos estratos da classe trabalhadora atraídos para o populismo de direita. Dessa forma, ele poderá lançar as bases para uma nova e poderosa coalizão entre todos aqueles que estão sendo traídos por Trump e seus desafetos – não apenas os imigrantes, as feministas e as pessoas de cor que já se opõem ao neoliberalismo hiper-reacionário, mas também os estratos brancos da classe trabalhadora que, até agora, o apoiaram. Reunindo os principais segmentos de toda a classe trabalhadora, essa estratégia poderia efetivamente vencer. Ao contrário de todas as outras opções aqui consideradas, o populismo progressista tem o potencial, pelo menos em princípio, de se tornar um bloco contra-hegemônico relativamente estável no futuro.

Mas o que pesa a favor do populismo progressista não é apenas sua potencial viabilidade subjetiva. Em contraste com seus prováveis rivais, tem a vantagem adicional de ser capaz, pelo menos em princípio, de abordar o lado real e objetivo de nossa crise. Deixe-me explicar.

Como observei de início, a crise hegemônica aqui dissecada é uma das vertentes de um complexo maior de crises, que abrange várias outras vertentes – ecológica, econômica e social. É também a contrapartida subjetiva de uma crise sistêmica objetiva, frente à qual constitui uma resposta e da qual não pode ser separada. Em última análise, esses dois lados da crise – um subjetivo, o outro objetivo – se mantêm ou caem juntos. Nenhuma resposta subjetiva, não importa o quão convincente seja, pode assegurar uma contra-hegemonia duradoura, a menos que ofereça a perspectiva de uma solução real para os problemas objetivos subjacentes.

O lado objetivo da crise não é uma mera multiplicidade de disfunções separadas. Longe de formar uma pluralidade dispersa, seus vários filamentos estão interligados e compartilham uma fonte comum. O objeto subjacente de nossa crise geral, o que abriga suas múltiplas instabilidades, é a forma atual de capitalismo – globalizante, neoliberal, financeirizado. Como todas as formas de capitalismo, esta não é um mero sistema econômico, mas algo maior: uma ordem social institucionalizada. Como tal, abrange um conjunto de condições não econômicas de fundo, que são indispensáveis para uma economia capitalista: por exemplo, as atividades não remuneradas de reprodução social, que asseguram a oferta de trabalho assalariado para a produção econômica; um aparato organizado de poder público (leis, polícia e agências reguladoras) que fornece a ordem, a previsibilidade e a infraestrutura necessárias para uma acumulação sustentada; e, finalmente, uma organização relativamente sustentável de nossa interação metabólica com o resto da natureza, que assegure suprimentos essenciais de energia e matérias-primas para a produção de mercadorias, sem mencionar um planeta habitável que possa sustentar a vida.

O capitalismo financeirizado representa um modo historicamente específico de organizar a relação de uma economia capitalista com essas condições básicas indispensáveis. É uma forma de organização social profundamente predatória e instável, que libera a acumulação de capital das próprias restrições (políticas, ecológicas, sociais, morais) necessárias para sustentá-la ao longo do tempo. Libertada dessas restrições, a economia capitalista consome as próprias condições básicas que a possibilitam. É como um tigre que come seu próprio rabo. Enquanto a vida social, como tal, é cada vez mais economicizada, a busca irrestrita pelo lucro desestabiliza as próprias formas de reprodução social, sustentabilidade ecológica e poder público das quais depende. Visto dessa maneira, o capitalismo financeirizado é inerentemente uma formação social propensa a crises. O complexo de crises que encontramos hoje é a expressão cada vez mais aguda de sua tendência embutida para desestabilizar a si mesmo.

Essa é a face objetiva da crise: a contrapartida estrutural do desdobramento hegemônico aqui dissecado. Hoje, portanto, os dois polos de crise – um objetivo, o outro subjetivo – estão em pleno desabrochar. Eles se mantêm ou caem juntos. Resolver a crise objetiva requer uma transformação estrutural importante do capitalismo financeirizado: uma nova maneira de relacionar a economia à política, a produção à reprodução, a sociedade humana à natureza não humana. O neoliberalismo, sob qualquer manto que seja, não é a solução, mas o problema.

O tipo de mudança que exigimos só pode vir de outro lugar, de um projeto que seja, no mínimo, antineoliberal, se não anticapitalista. Tal projeto pode se tornar uma força histórica somente quando ganhar corpo em um bloco contra-hegemônico. Por mais distante que tal perspectiva possa parecer agora, nossa melhor chance de uma resolução subjetiva-objetiva é o populismo progressista. Mas mesmo isso pode não ser um ponto final estável. O populismo progressista pode acabar sendo transitório – um ponto de parada a caminho de uma nova forma de sociedade pós-capitalista.

Independentemente de nossa incerteza em relação ao ponto final, uma coisa é certa: se falharmos, agora, em dar consequência a essa opção, prolongaremos o atual interregno. Isso significa condenar os trabalhadores de todas as convicções e todas as cores a tensões crescentes e ao declínio da saúde; ao aumento do endividamento e ao excesso de trabalho; ao *apartheid* de classe e à insegurança social. Significa imergi-los também em uma extensão cada vez mais ampla de sintomas mórbidos – em ódios nascidos do ressentimento e expressos em bodes expiatórios; em surtos de violência seguidos de arroubos de repressão; em um mundo perverso, onde as solidariedades se contraem até o desaparecimento. Para evitar esse destino, devemos romper definitivamente tanto com a economia neoliberal quanto com as várias políticas de reconhecimento que ultimamente a apoiaram – rejeitando não apenas o etnonacionalismo excludente, mas também o individualismo liberal-meritocrático. Somente unindo uma política fortemente igualitária de distribuição a uma política de reconhecimento substancialmente inclusiva, sensível à classe, é que podemos construir um bloco contra-hegemônico capaz de nos levar além da crise atual, na direção de um mundo melhor.

o rei populista está nu

Nancy Fraser entrevistada
por Bhaskar Sunkara

Bhaskar Sunkara: *O que te levou a começar a escrever sobre o neoliberalismo progressista? Obviamente, tornou-se um conceito que ressoou nos ouvidos de muitas pessoas. Estava enraizado principalmente nas tendências que você via na academia ou em outro lugar?*

Nancy Fraser: Na verdade, eu estava tateando em direção a esse conceito há muitos anos. Muito antes de encontrar um nome para isto, eu usava outros termos para descrever o que havia dado errado com a esquerda e a centro-esquerda, especialmente nos Estados Unidos – mas de maneira mais geral, tanto na academia quanto na esfera política mais ampla. Nos anos 1990, por exemplo, escrevi sobre o "eclipse da redistribuição pelo reconhecimento"; essa expressão visava diagnosticar um desequilíbrio no pensamento e na prática das forças progressistas, cujo foco unilateral na identidade, no *status* e na cultura estava obscurecendo a ascensão do neoliberalismo, deixando intocados os novos plutocratas, se não os promovendo, de fato. Mais tarde, na esteira da crise financeira de 2007-2008, usei a expressão "astúcia da história" para nomear o processo de introdução do feminismo da segunda onda, ou de seus principais segmentos, em uma "conexão perigosa" com as forças que promoviam neoliberalismo; esse foi outro gesto na mesma direção. E então veio o espetáculo extraordinário das eleições de 2016: a ascensão de Trump, o surpreendente sucesso de Bernie Sanders e, acima de tudo, a postura de Hillary Clinton, que eu via como uma garota-propaganda de tudo o que havia dado errado, ao longo de várias décadas, com os novos movimentos sociais e forças progressistas.

Naquele momento, subitamente me ocorreu que o progressismo e o neoliberalismo haviam convergido para formar um bloco hegemônico, ou uma aliança dominante, e que esta precisava ser *nomeada*. Uma percepção importante para mim, que surgiu rapidamente, foi a ideia de que o neoliberalismo não é uma visão de mundo total. Muitas pessoas acreditam que sim, mas, na verdade, ele é um projeto político-econômico que pode articular-se com vários projetos de reconhecimento diferentes e até antagônicos – incluindo projetos progressistas. Depois de entender isso, vi que, pelo menos nos Estados Unidos, o neoliberalismo tinha se articulado de maneira mais duradoura com o progressismo. Dar um nome a essa articulação me pareceu um grande passo à frente na compreensão do que estava acontecendo.

Bhaskar Sunkara: *Certos grupos de pessoas que poderiam ter apoiado o feminismo e sua fase mais radical, nos anos 1960 e 1970, mas que agora adaptaram sua própria polí-*

tica para tentar ser mais pragmáticos e obter certos ganhos, olhariam para a sociedade hoje e diriam: estamos vivendo em uma sociedade que ainda é claramente marcada pelo sexismo. No entanto, é também um tempo em que o trabalho tornou-se mais igualitário, até mesmo o doméstico. Há menos tolerância na sociedade com as piores formas de sexismo e abuso. Você reconheceria essas questões como vitórias políticas dessa forma de feminismo ou você acha que isso aconteceu por acidente? Em outras palavras: deveríamos dar crédito a essas forças de centro-esquerda – das quais somos ambos muito críticos – por certas vitórias?

Nancy Fraser: Minha visão é que as vitórias do feminismo, como as de outros movimentos progressistas, pelo menos até o presente, têm mais a ver com a mudança de consciência do que com a constituição de estruturas, instituições e práticas, que realmente mudariam a vida da maioria das pessoas na base da sociedade. Agora, cerca de dois terços da população estadunidense acredita que a desigualdade de gênero está errada e precisa ser mudada; que o estupro no interior do casamento é errado; que o estupro por um conhecido e o estupro em um encontro estão errados; que os homens devem se incumbir mais do trabalho doméstico e da criação dos filhos, e assim por diante. Essas são mudanças importantes nas crenças. Mas ainda não institucionalizamos esses entendimentos mais igualitários. Sou especialmente cética em relação à divisão do trabalho doméstico. Eu mesmo estou lidando com os cuidados de minha mãe de 98 anos, cada vez mais frágil, e muitas das minhas amigas estão em situações semelhantes. Pelo que posso ver, são quase sempre as filhas e as irmãs que estão na linha de frente, lidando com essas coisas no dia a dia; raramente são os filhos e os irmãos. Então, eu não diria que mudou muito. Eu acho que alguns homens estão muito mais envolvidos no cuidado de seus filhos, especialmente nos aspectos mais agradáveis e divertidos. Mas quando se trata de limpar banheiros, esvaziar penicos, proteger os pais em asilos, e assim por diante, não tenho certeza de que eles estejam tão envolvidos assim.

Algo semelhante vale para o antirracismo. O movimento pelos direitos civis alcançou algumas importantes vitórias legais, mas o que foi conquistado foram os *direitos no papel*, que não se traduziram em nada remotamente próximo à igualdade social. Os negros Estados Unidos ainda enfrentam enormes assimetrias (na verdade, crescentes!) no que diz respeito ao sistema de justiça criminal, empregos, moradias, exposição a inundações e água contaminada, e muito mais. A realidade é que o neoliberalismo progressista não produziu muitos ganhos materiais reais para a esmagadora maioria das pessoas que suas correntes progressistas afirmam representar. E como poderia, dado que as vitórias legais coincidiram com um ataque maciço aos direitos trabalhistas e às condições de vida da classe trabalhadora? Não há como negar que o neoliberalismo progressista beneficiou os níveis mais altos das classes profissional-gerenciais, e esse é um estrato grande e influente. Mulheres e/ou negros naquele estrato, como seus colegas brancos, se saíram muito bem. Mas não, não estou muito convencida em relação aos avanços para todos os outros.

Bhaskar Sunkara: *O exemplo do governador de Nova York, Andrew Cuomo, que se mobilizou para aprovar um projeto de lei em favor da legalização do casamento gay na mesma semana em que fechava abrigos para jovens majoritariamente LGBTQ+, simboliza muito bem o momento atual.*

Você identifica que, no atual cenário político mundial – e eu também o faço na Revista Jacobin –, estamos passando por uma crise de hegemonia. Você cita a frase de Gramsci: "O velho está morrendo e o novo não pode nascer". O que diria aos críticos que enfatizam a estabilidade do sistema como um todo? Hoje, o capitalismo neoliberal governa praticamente o mundo inteiro. Está constantemente se transformando e foi capaz de absorver crises – mesmo as que pareceriam terminais, como a recessão de 2008. Onde ou por que você identifica uma crise de hegemonia – considerando que você também vê alguma continuidade em certos aspectos da agenda econômica dos Trumps e dos Obamas e Clintons do mundo?

Nancy Fraser: Você levantou uma questão muito importante e complexa. O primeiro ponto que quero enfatizar diz respeito ao conceito de hegemonia. Pelo que entendi, a hegemonia tem a ver com a autoridade política, moral, cultural e intelectual de uma determinada visão de mundo – e com a capacidade dessa visão de mundo de se incorporar em uma aliança durável e poderosa de forças sociais e classes sociais. O neoliberalismo progressista desfrutou de hegemonia nesse sentido por várias décadas. Agora, no entanto, sua autoridade está severamente enfraquecida, se não completamente despedaçada.

Basta considerar a explosão de movimentos antineoliberais em todo o mundo. Normalmente, estamos focados nas variantes populistas de direita, como o voto do Brexit no Reino Unido; a ascensão de partidos racistas e anti-imigrantes no norte e no centro-leste da Europa, na América Latina e na Ásia; e, claro, na vitória de Trump nos Estados Unidos. Mas isso é apenas parte da história. Não devemos ignorar as forças antineoliberais de *esquerda*, incluindo o ascenso de Corbyn na Grã-Bretanha, que deslocou o Partido Trabalhista para a esquerda; as forças que se uniram em torno do La France Insoumise, de Jean-Luc Mélenchon; o Podemos, na Espanha; os primeiros dias do SYRIZA, na Grécia; e a campanha de Bernie Sanders nos Estados Unidos. Seja à direita ou à esquerda, são todos casos em que as pessoas dizem não acreditar mais nas narrativas neoliberais reinantes. Não têm mais credibilidade os partidos políticos estabelecidos na centro-esquerda ou na centro-direita que promoveram tais discursos. Existe o desejo de tentar algo completamente diferente.

Isso é uma crise de hegemonia. Mas, é claro, o que acontece quando forças anti-hegemônicas atingem o poder é outra história. Trump é o caso mais óbvio de propaganda enganosa, de alguém que, uma vez no cargo, falhou em seguir as políticas econômicas antineoliberais sobre as quais ergueu sua campanha. Ele continua alimentando retoricamente a sua repulsiva fraseológica excludente, racista e xenófoba. E o populismo econômico que também estava presente em 2016 desapareceu, substituído por políticas neoliberais de direita – cortes de impostos para os ricos e assim por diante.

O que isso mostra é que precisamos distinguir entre a política neoliberal, que permanece em vigor praticamente em toda parte, e a hegemonia neoliberal, que está bastante abalada. Temos uma situação – e é por isso que a citação de Gramsci é tão relevante – que combina duas coisas em um amálgama tenso: primeiro, um enfraquecimento dramático da autoridade do neoliberalismo – uma menor confiança em suas ideias, políticas e na ordem institucional subjacente a elas; em segundo lugar, a incapacidade, pelo menos até o momento, de gerar uma alternativa plausível, tanto no nível político quanto no nível institucional. É uma combinação explosiva.

Bhaskar Sunkara: *Penso que essa distinção que você está traçando entre política neoliberal e ideologia neoliberal é realmente interessante. A raiz da política seria, digamos – mesmo sem Milton Friedman ou alguma justificativa intelectual da Escola de Chicago –, o fato de que os capitalistas, nos anos 1960 ou 1970, estavam vendo sua lucratividade ser reduzida. A antiga ordem não está realmente funcionando e eles estão dizendo: "Precisamos de menos regulamentação, precisamos de menos sindicatos, precisamos de menos obstáculos à nossa capacidade de obter lucro". Devemos entender a política neoliberal como enraizada apenas nas prioridades do mercado, ou é mais complexo que isso?*

Nancy Fraser: Essa é uma pergunta interessante. Minha percepção é que a política neoliberal surgiu da convergência de vários desenvolvimentos em diferentes níveis. Houve com certeza o extraordinário renascimento das ideias hayekianas[13], que todos pensavam que definhariam para sempre na lata de lixo da História, mas que subitamente voltaram de cemitério para inspirar um verdadeiro movimento intelectual. Essa ressurreição foi o resultado de um considerável esforço organizado por parte da Sociedade

---

[13] N. do E.: Ideias provindas do liberalismo austríaco e que foram teorizadas por Friedrich August von Hayek. Ele é considerado um dos maiores representantes da Escola Austríaca e faleceu aos 92 anos em Friburgo em 1922.

Mont Pelerin, fundada na década de 1940, e de uma série mais recente e bem financiada de *think tanks* liberais, que datam da década de 1970. Mas os ideólogos logo atraíram um monte de CEOs corporativos pragmáticos que queriam apenas aumentar seus lucros. E, ao mesmo tempo, houve uma grande mudança nos parâmetros do sucesso corporativo – da proporção preço/lucro para o valor do acionista, em que a tarefa central da administração era aumentar o valor das ações da empresa na bolsa de valores.

Então, temos vários tipos diferentes de mudanças – temos mudanças intelectuais e mudanças nas regras da economia capitalista. E todas elas ameaçavam os padrões de vida da grande maioria. É por isso que o projeto neoliberal não pôde ser vendido politicamente pelo valor nominal. Exigiu um pouco de ornamentação na vitrine. E foi aí que entraram os "progressistas". Eles forneceram alguma cobertura ideológica para os impulsionadores do livre mercado e os plutocratas associados, trazendo correntes liberal-individualistas do feminismo, do antirracismo e da luta pelos direitos LGBTQ+. Obviamente, muitos dos progressistas não estavam interessados ou focados nas questões econômicas. Mas havia uma afinidade eletiva entre a visão meritocrática de "emancipação" que pregava "quebrar o teto de vidro" e o *ethos* do mercado livre. Tanto eles como os neoliberais tinham uma certa visão individualista das coisas, focada na "chegada ao topo". Essa era uma afinidade eletiva.

Mas, voltando ao presente, eu diria que o neoliberalismo, como ideologia intelectual, é muito fraco hoje. Ainda existem alguns friedmanitas e hayekianos de carteirinha, é claro, mas estou muito impressionada – e agora estou pensando novamente nos Estados Unidos – pelo número de intelectuais de direita sérios que agora procuram uma alternativa ao neoliberalismo conservadora e que são favoráveis à classe trabalhadora. Estou pensando em pessoas como Ross Douthat, do *New York Times*, e Julius Kerin, editor da *American Affairs*. Esses indivíduos estão angariando seguidores mediante a expressão de ideias que não ouvíamos antes. Até muitas autoridades republicanas eleitas entendem que a infraestrutura está desmoronando, que o déficit não é a coisa mais importante do mundo e que há outras coisas que o governo precisa fazer. No momento, não existem muitos pensadores convictos no neoliberalismo. No entanto, quando a coisa apertar, Wall Street, Vale do Silício e outras seções da classe capitalista lutarão com unhas e dentes contra a regulamentação financeira, contra impostos corporativos mais altos, contra qualquer tentativa de limitar os bônus.

Bhaskar Sunkara: *Você nota que as respectivas bases de Sanders e Trump são frequentemente retratadas na mídia em versões idealizadas, em que a base de Trump é toda de trabalhadores brancos de colarinho azul e capacete, ao passo que a base de Sanders é algo diferente. Mas me parece que* *o verdadeiro perigo, indo além do que você estava dizendo antes, foi o surgimento de uma espécie de republicanismo idealizado por Steve Bannon. Eles não precisam de muitos trabalhadores pardos ou negros para obter a maioria; mas se conquistassem 10% a mais do voto dos negros ou 10% a mais do voto dos latinos, então, seus tênues 40% de base poderiam se tornar verdadeiramente majoritários. E esse era o verdadeiro medo – de que alguns deles realmente cumprissem os planos de financiamento massivo por meio de déficits para construção de infraestrutura para criar empregos, esse tipo de coisa.*

Nancy Fraser: Exatamente. Essa foi a genialidade da visão de Bannon para a campanha presidencial de Trump em 2016. Havia uma visão *pró-classe trabalhadora* – embora a dúvida de se foi enunciada sinceramente ou se foi uma simples manobra cínica para vencer uma eleição é outra questão. O importante é que, por estar ligado ao etnonacionalismo pró-cristão, o bannonismo projetou uma visão antiquada, restrita e excludente da classe trabalhadora: como você disse, homens brancos na condição de operários fabris, mineradores, petroleiros, trabalhadores da construção civil. Havia um *ethos* anglo-macho. Enquanto a real classe trabalhadora é altamente diversificada em termos de etnia, cor, gênero, sexualidade, etc. Bastaria incluir trabalhadores do setor público, trabalhadores agrícolas, trabalhadoras domésticas, profissionais do sexo, trabalhadores de serviços de varejo, pessoas que realizam trabalho remunerado e não remunerado no setor voluntário e em residências particulares para obter um retrato completamente diferente da classe trabalhadora. Isso me sugere a possibilidade de pelo menos duas formas diferentes de populismo pró-classe trabalhadora: a de Bannon – que era, como eu disse, bastante restritiva – e a que Sanders, no seu auge, estava evocando e que a esquerda poderia tentar desenvolver.

Bhaskar Sunkara: *A mídia sempre tendia a dizer: "Todos esses candidatos têm que obter o voto da classe trabalhadora e o voto dos negros". "A classe trabalhadora" quase se tornou, para certos setores – especialmente esses setores de tipo neoliberal –, um eufemismo para pessoas brancas que são úteis apenas uma vez a cada quatro anos ou a cada dois anos como blocos eleitorais. Mas quando penso nos anos do pós-guerra, penso que foram anos forjados por sindicatos, gestores estatais e segmentos do capital que tinham muita consciência de que estavam construindo uma nova Era.*

Até que ponto você acha que o New Labour, de Tony Blair, ou o New Democrats, de Bill Clinton, ou todas essas outras forças, são tão conscientes? Quando minha mãe e meu pai, como imigrantes em dificuldades, ouviam um discurso de Bill Clinton – e tinham recém-chegado ao país –, sentiam como se estivessem ouvindo os discursos populistas dos velhos tempos que conheciam do Terceiro Mundo, no bom sentido.

Pareceu-me que o que tornava esses políticos tão convincentes era que eles realmente acreditavam em sua mensagem e não se viam construindo algo novo ideologicamente.

Nancy Fraser: Essa também é uma questão complexa. Não há dúvida de que o New Deal foi um projeto deliberado e altamente consciente, que lançou as bases para o acordo pós-Segunda Guerra Mundial nos Estados Unidos. Envolveu uma fração esclarecida da classe capitalista que chegou à conclusão de que o *laissez-faire* era uma ameaça à sua própria sobrevivência e que, para alcançar um regime durável e de lucratividade contínua, exigia uma grande mudança na relação entre Estado e economia. Nos anos 1930 e 1940, esses capitalistas deram o passo inédito de formar uma aliança com um movimento operário militante (sindicalistas, comunistas e socialistas) – uma aliança muito poderosa e até hegemônica. A ideia norteadora era a social-democracia nacional-keynesiana, que incorporaria um grande número de imigrantes – tornando-os "verdadeiros estadunidenses" que poderiam ter vidas de classe média, lares modestos nos subúrbios, dirigir os carros que fabricavam e assim por diante. Os principais elementos foram os sindicatos industriais, os intelectuais visionários e, eventualmente, as principais empresas manufatureiras dispostas a aceitar esse "compromisso de classe", bem como afroamericanos, imigrantes e classes médias urbanas. Com tal combinação, esse foi um bloco hegemônico muito poderoso.

Mas nada dura para sempre, e o bloco do New Deal se desfez lentamente ao longo de várias décadas, começando nas décadas de 1960 e 1970. Foi desafiado tanto à esquerda, pela erupção global da Nova Esquerda, quanto à direita, por estratos do mundo dos negócios e pelo livre mercado. As eleições de Nixon e Reagan foram momentos decisivos. A "estratégia sulista" de Nixon forneceu o modelo, demonstrando a capacidade do Partido Republicano de conquistar com sucesso aqueles a quem chamou de "brancos étnicos" – o mesmo estrato suburbano da classe trabalhadora a que você acabou de se referir.

Diante dessa ameaça, o Partido Democrata lutou para encontrar uma fórmula bem-sucedida que pudesse derrotar a estratégia conservadora e restaurar seu próprio domínio na política eleitoral. O gênio salvador foi Bill Clinton. (Se ele acreditou sinceramente em alguma coisa em sua vida, não posso dizer. Precisávamos de um psicanalista para responder a essa pergunta, e eu não sou!) Ele teve a ideia de criar um "Novo Partido Democrata" que pudesse conquistar profissionais urbanos escolarizados e "trabalhadores simbólicos", enquanto descentralizava as reivindicações da base tradicional do partido entre os trabalhadores da indústria. Esse se tornou o modelo para o novo Partido Trabalhista, de Tony Blair, que tinha o objetivo semelhante de deter a força do conservadorismo britânico. Políticos como Blair e Clinton eram oportunistas que tentavam descobrir como seus partidos poderiam permanecer relevantes e vencer as eleições em tempos de mudança. No processo, eles inventaram uma nova formação política hegemônica. O neoliberalismo progressista tornou-se o projeto sucessor da social-democracia ao estilo do New Deal.

Havia também algo geracional que os tornava atraentes. Lembro-me claramente de Bill Clinton e Al Gore fazendo campanha, juntos, como dois jovens. Eles pertenciam à geração dos anos 1960 e representavam uma enorme mudança geracional no cume da política estadunidense. Bill Clinton fumou maconha ou não? O que eles estavam fazendo durante a Guerra do Vietnã? Esses eram problemas geracionais. Havia algo de muito poderoso e carismático na juventude de Clinton e Blair. Eles exalavam em suas personas algo novo e diferente. Mas eu não chamaria isso de populismo. Eu ainda acho que a melhor palavra para isso é progressismo. Talvez aquilo a que seus pais responderam foi a famosa capacidade de Clinton de "sentir a dor dos outros".

Bhaskar Sunkara: *Um dos grandes momentos da história dos* EUA *foi quando ele se virou para aquela ativista e disse: "Sinto sua dor, sinto sua luta" e assim por diante, e, obviamente, não abordou efetivamente nada daquilo.*

Nancy Fraser: Exato! E há também outro aspecto do oportunismo de Bill Clinton. Ele entendia muito pouco sobre como o mercado de ações funcionava, mas sabia a quem perguntar. Ele achava que tudo dependia de manter os mercados felizes. Não é como se ele tivesse um compromisso de princípios com a economia neoliberal. Mas ele intuiu que sua capacidade de vencer e manter o poder dependia mais do bem-estar de Wall Street do que de qualquer outra coisa.

De qualquer forma, o resultado foi uma nova aliança hegemônica. O bloco do New Deal foi substituído pelo bloco neoliberal progressista. O neoliberalismo progressista foi construído em torno de um conjunto diferente de ideias e com base em um conjunto diferente de forças sociais.

Bhaskar Sunkara: *Eu também acho que, quanto aos eleitores democratas, muitas vezes se perde de vista que eles sabiam que tinham empregos ruins, mas que empregos ruins são melhores do que nenhum emprego. Para aqueles que são pardos ou negros – mesmo que o bolo geral para os trabalhadores estivesse diminuindo –, pelo menos estavam recebendo uma fatia maior dele. Mas parece que agora, ou nos últimos oito a dez anos, as pessoas estão fartas e dispostas a dar um salto rumo ao desconhecido.*

Nancy Fraser: Essas coisas são muito difíceis de entender: quando as pessoas atingem o ponto de ruptura? Como as condições de vida declinaram sob a hegemonia progressista-neoliberal, as pessoas que não estavam dispostas a uma ruptura decisiva tentaram todo tipo de coisa para lidar com a situação. Por exemplo: os sindicatos concordaram em barganhar, restringindo seu esforço a proteger os membros até então existentes e aceitando acordos piores para novos contratados. Eles não ousaram quebrar o modelo estabelecido.

Quem saberá exatamente quando ou por que o ponto de ruptura é finalmente alcançado? Não acho que essas coisas tenham explicações claras e racionais. Mas os indivíduos são importantes: Donald Trump era um para-raio, um atrator e multiplicador de um conjunto de forças dispostas a uma ruptura. Por outro lado, Hillary Clinton personificava a continuidade e o *status quo* – com sua inocência, toda a sua narrativa como "sobrevivente" dos ataques da mídia de direita e Deus sabe o que mais, sua convicção de que era "a vez dela". Algumas pessoas especularam que Joe Biden ou Bernie Sanders teriam vencido essa eleição, então não podemos subestimar o papel das pessoas na determinação de um ponto de ruptura.

Bhaskar Sunkara: *Eu acho que qualquer um deles poderia ter vencido essa eleição! Essa é outra questão que pode estar muito além de nossos conhecimentos técnicos. Você tem algu-*

ma esperança de que o que você identificou como o populismo progressista da campanha de Sanders – contrastando com o populismo reacionário da campanha de Trump – pode reavivar um pouco daquilo de que as pessoas sentem falta nos velhos tempos? A velha estabilidade, a segurança, as promessas de redistribuição?

Em uma parte muito reveladora do seu livro, você avisa que – ou talvez isso seja um consolo –, embora Trump não esteja cumprindo suas promessas, o rei populista já está nu. Meu medo é: e se nós, do lado progressista, por causa de forças estruturais ou por conta de uma oposição política, não conseguirmos cumprir nossas promessas? Isso poderia resultar em algo ainda pior do que a política ao estilo Obama?

Nancy Fraser: Concordo plenamente que essa é uma preocupação real. Basta olhar para a Grécia, para o SYRIZA. O porquê de eles, no final, terem cedido e não terem deixado a zona do euro é uma questão complicada. De qualquer modo, eu não vou julgar. Mas esse é o caso em que o que parecia uma grande vitória se transformou em outra coisa.

Eu diria que as personalidade populistas de esquerda que temos mencionado, quer elas gostem ou não da palavra populismo – especialmente Sanders e Corbyn –, todas têm um certo cheiro de anacronismo. Elas remontam a uma esquerda mais velha ou uma social-democracia mais velha. Elas têm bons instintos em vários sentidos, mesmo que nenhuma saiba exatamente o que dizer ou fazer quanto à imigração. Mas não acho que nenhuma delas tenha um verdadeiro projeto elaborado para o tipo de reestruturação econômica e social fundamental de que precisaríamos para concretizar os ideais de seguridade social, trabalho bem remunerado, pleno emprego, bem-estar social de qualidade e suporte familiar e assim por diante. A questão é: como podemos perceber esses valores, que são duradouros e importantes hoje, sob as atuais condições dos Estados Unidos, em que o setor manufatureiro não está voltando ao que era na década de 1940?

A esquerda, em geral, tem muito trabalho a fazer em um nível programático. Eu acho que sabemos quais são seus valores. Sabemos o que está errado, o que é ruim, do que precisa ser eliminado. Sabemos que a economia deve ser desfinanceirizada e descarbonizada, que é preciso haver planejamento e um grande aumento na parcela do rendimento destinada às classes trabalhadoras, e assim por diante.

O que ainda não sabemos é se alguma nova forma de capitalismo, ainda a ser inventada, poderia satisfazer esses imperativos – ou se a única solução possível é uma sociedade pós-capitalista, se queremos chamá-la de socialista ou outra coisa. Talvez mais importante do que ter certeza, a questão agora é saber quais devem ser as novas regras do caminho para uma economia política que seja tanto pró-classe trabalhadora quanto globalizada. O nosso mundo não pode e não deve voltar a um panorama de economias nacionais distintas. Nesse caminho repousa o protecionismo concorrencial, a militarização e a guerra mundial.

Bhaskar Sunkara: *Temos uma visão moral, igualitária. Penso que a chave é vencer todas as pequenas vitórias políticas que pudermos, até que essa visão se torne mais tangível e mais convincente.*

No seu livro, e em outros lugares, você fala muito – e quero dizer isso da maneira mais agradável possível, como anacrônica em um bom sentido – sobre política da classe trabalhadora, mas fala menos sobre sindicatos, partidos e outras maneiras pela qual a política da classe trabalhadora costuma se expressar. Você vê movimentos mais amplos, vê caminhos diferentes, ou isso ainda está por ser determinado?

Nancy Fraser: Na verdade, não. Estou bastante preocupada com o surgimento de um imaginário de esquerda unilateralmente focado em movimentos sociais e não pensando o suficiente em sindicatos, partidos e outras formas de organização da classe trabalhadora. Penso que a esquerda está em crise hoje em pelo menos dois aspectos: nos falta uma visão programática e uma perspectiva organizacional. É como se tivéssemos ido direto da crítica do partido leninista ao espontaneísmo neoanarquista. Não acho que esse último seja sério, se você realmente quiser mudar o mundo desde seus fundamentos. Estou muito interessada em explorar o vasto meio-termo entre esses extremos.

Não se pode subestimar o poder potencial e a importância dos sindicatos dos trabalhadores em um país continental como os Estados Unidos. Um projeto de sindicalização de trabalhadores de serviços, trabalhadores de *fast-food*, trabalhadoras domésticas, trabalhadores agrícolas, trabalhadores do setor público e muito mais – defendendo os sindicatos existentes e organizando os desorganizados – isso é uma potencial mudança de paradigma. A questão mais difícil é a relação entre trabalho remunerado e não remunerado, questão central para as feministas de esquerda. Na ausência de uma posição política convincente sobre esse assunto e de uma estratégia organizacional plausível para persegui-la, corremos o risco de regressar a visões anacrônicas e antiquadas da luta da classe trabalhadora.

Se a esquerda espera reviver a ideia da classe trabalhadora como a força dirigente dentro de um novo bloco contra-hegemônico, teremos de imaginar essa classe de uma nova maneira – *interseccionalmente*, se preferir – e não restrita a uma maioria étnica branca de homens heterossexuais, trabalhadores de manufatura e da mineração, mas englobando todas essas outras ocupações – remuneradas e não remuneradas – e englobando massivamente imigrantes, mulheres e negros.

Se podemos reimaginar a classe trabalhadora dessa maneira, também podemos entendê-la como tendo a capacidade de se tornar a força dirigente em um bloco que também inclua jovens, grandes segmentos da classe média e segmentos da classe profissional-gerencial que possam ser separados dos neoliberais. Essa seria uma nova aliança poderosa, com potencial para se tornar um novo bloco hegemônico. Na minha opinião, haveria um grande papel a ser desempenhado pelos sindicatos – sindicatos recuperados e reimaginados –, bem como pelos partidos políticos e movimentos sociais.

sobre a autora

Nancy Fraser (Baltimore, 20 de maio de 1947) estudou Filosofia na City University of New York. É titular da cátedra Henry A. and Louise Loeb de Ciências Políticas e Sociais da New School University, também em Nova York. Coescreveu o manifesto *Feminismo para os 99%* (Boitempo, 2019), e é autora, entre outros, de *Fortunes of Feminism: From State-Managed Capitalism to Neoliberal Crisis* (Verso, 2013) e *Capitalism: A Conversation in Critical Theory* (Polity, 2018). Grande apoiadora da Greve Internacional das Mulheres, cunhou a frase "feminismo para os 99%".

Leia Também

Por um populismo de esquerda
Chantal Mouffe

Como podemos reagir frente a ascensão do populismo? Para filosofa política belga Chantal Mouffe, o "momento populista" que estamos testemunhando sinaliza para a crise mais aguda da hegemonia neoliberal. O eixo central do conflito será entre o populismo de direita e de esquerda. Ao estabelecer esta nova fronteira entre "o povo" e "a oligarquia", a estratégia populista de esquerda pode reunir novamente as múltiplas lutas contra subordinação, opressão e discriminação.

Essa estratégia reconhece que o discurso democrático desempenha um papel crucial no imaginário político de nossas sociedades. E, através da construção de uma vontade coletiva, mobilizando afetos comuns em defesa da igualdade e da justiça social, será possível combater as políticas belicosas e demagógicas promovidas pelo populismo de direita.

Ao redesenhar as fronteiras políticas, esse momento aponta para um "retorno do político" após anos de pós-política. O retorno pode abrir caminho para experienciais autoritárias – através de regimes que enfraqueçem as instituições democráticas liberais -, mas também pode levar a uma reafirmação e extensão dos valores democráticos.

Sintomas Mórbidos: a encruzilhada da esquerda brasileira
Sabrina Fernandes

O título do livro Sintomas Mórbidos: A encruzilhada da esquerda brasileira, escrito pela socióloga, feminista e uma das youtubers mais radicais à esquerda nas redes, Sabrina Fernandes, remete ao interregno pensado pelo revolucionário italiano Antonio Gramsci na famosa passagem do seu Cadernos do Cárcere: "o velho está morrendo e o novo não pode nascer; neste interregno, uma grande variedade de sintomas mórbidos aparece". Isso se encaixa como uma luva no Brasil contemporâneo depois do verdadeiro terremoto político causado pelas manifestações de Junho de 2013 e seus ecos. O equilíbrio desequilibrado que sustentava a frágil democracia liberal brasileira, aparentemente, se desfez. Como consequência, temos um perturbador entretempo: de fragmentação das esquerdas e ascensão da extrema-direita — sobre o qual Sabrina Fernandes disserta, por uma perspectiva marxista, apresentando a noção crise de práxis como uma chave para o entendimento do que se passa, ao passo que possibilita (e mira!) na superação da pós-política e da ultrapolítica e na construção de uma utopia concreta e realizável, fator crucial na revolução necessária do nosso porvir.

Antifa: O Manual Antifascista
Mark Bray

Desde que existe o fascismo, existe o antifascismo – também conhecido como "antifa". Nascido da resistência a Mussolini e Hitler na Europa durante os anos 20 e 30, o movimento antifa chegou subitamente às manchetes em meio à oposição ao governo Trump, a ascensão da alt-right e o ressurgimento de grupos de supremacistas como o Klu Klux Klan.

Em uma inteligente e emocionante investigação, Mark Bray, historiador e um dos organizadores do Occupy Wall Street, nos oferece um olhar único de dentro do movimento, incluindo uma pesquisa detalhada da história da antifa desde suas origens até os dias de hoje – a primeira história mundial do antifascismo no pós-guerra

Baseado em entrevistas com antifascistas de todo o mundo, o livro detalha as táticas do movimento antifa e a filosofia por trás dele, oferecendo insights sobre a crescente, mas ainda pouco compreendida, resistência contra à extrema-direita.

Dados Internacionais de Catalogação na Publicação (CIP)
(eDOC BRASIL, Belo Horizonte/MG)

F842v Fraser, Nancy.
O velho está morrendo e o novo não pode nascer / Nancy Fraser; tradução Gabriel Landi Fazzio. – São Paulo, SP: Autonomia Literária, 2020.
104 p. : 18 x 12 cm

Título original: The old is dying and the new cannot be born
ISBN 978-65-87233-02-4

1. Capitalismo. 2. Neoliberalismo – Estados Unidos da América. 3. Populismo. 4. Política internacional. I. Fazzio, Gabriel Landi. II.Título.

CDD 320.5130973

Elaborado por Maurício Amormino Júnior – CRB6/2422

Este livro foi composto em Adobe Garamond Pro e
Neue Haas Grotesk Display Pro.